Como se libertar das RELAÇÕES TÓXICAS

LUCY BERESFORD

Como se libertar das RELAÇÕES TÓXICAS

SEXTANTE

Título original: *Happy Relationships at Home, Work & Play*

tradução:
Simone Lemberg Reisner

preparo de originais:
Magda Tebet

revisão:
Guilherme Bernardo e José Tedin

diagramação:
Ilustrarte Design e Produção Editorial

capa:
Silvana Mattievich

impressão e acabamento:
Cromosete Gráfica e Editora Ltda.

CIP-BRASIL. CATALOGAÇÃO NA PUBLICAÇÃO
SINDICATO NACIONAL DOS EDITORES DE LIVROS, RJ

B43c Beresford, Lucy
Como se libertar das relações tóxicas/Lucy Beresford [tradução de Simone Lemberg Reisner]; Rio de Janeiro: Sextante, 2014.
240 p.; 14 x 21 cm.

Tradução de: Happy Relationships at Home, Work and Play
ISBN 978-85-431-0101-9

1. Relações humanas. I. Título.

14-11676 CDD: 158.2
CDU: 316.47

Rua Voluntários da Pátria, 45 – Gr. 1.404 – Botafogo
22270-000 – Rio de Janeiro – RJ
Tel.: (21) 2538-4100 – Fax: (21) 2286-9244
E-mail: atendimento@esextante.com.br
www.sextante.com.br

Para Jemima, Harvey, Martha e Anna

Sumário

Introdução

Quando você pensa em relacionamentos, o que lhe vem à mente? Seu coração se alegra ao descobrir como é bom estar com sua família a cada começo do dia, com os colegas com quem você tem prazer de trabalhar e com os amigos que você preza e que despertam o que há de melhor em você? Ou se atém aos ressentimentos, às rixas, às falhas na comunicação e à sensação de não ser compreendido? Pelo mundo todo, amigos discutem, colegas de trabalho se enfurecem devido a conflitos inconfessos e famílias seguem tropeçando em busca da melhor interação possível.

Por que isso acontece? Na arte do relacionamento com outros indivíduos podemos afirmar que temos, literalmente, milhares de anos de prática. Afinal, somos criaturas extremamente relacionais. Desde o instante em que nascemos, confiamos no outro para sobreviver. Mais tarde, aprendemos sobre a vida observando e imitando os que nos cercam, tanto no que se refere às tarefas do dia a dia – comer, escovar os dentes, atravessar a rua – quanto no tocante ao comportamento e às estratégias. Nossa existência está ligada aos outros, sejam eles nossos pais, companheiros de trabalho ou amigos. *Os relacionamentos são a trilha sonora de nossas vidas.*

Entretanto, é muito comum que esses mesmos relacionamentos nos proporcionem as maiores agonias. A vida é repleta de pressões e, como afirmou Jean-Paul Sartre, ser humano é ser ansioso. Estamos sempre preocupados com a saúde, o trabalho, o peso, as rugas. Quando prestamos atenção às conversas à nossa volta, é comum ouvir os comentários aflitivos das pessoas sobre os dilemas que atormentam algumas (ou várias) de suas relações.

Se você está lendo este livro, é grande a chance de que já tenha ouvido conversas semelhantes, mesmo que apenas em sua mente. Minha experiência – no consultório e nas questões enviadas pelos leitores da revista – me diz que existe pelo menos um relacionamento em nossa vida que gostaríamos que nos trouxesse mais alegria ou que funcionasse com mais suavidade.

Sabemos que as relações humanas são vitais para o nosso bem-estar. Se o pior nos acontecer, se perdermos tudo – o emprego, o dinheiro, a casa, até mesmo nossas preciosas fotografias ou cartas –, nossos relacionamentos e as lembranças que guardamos deles podem nos ajudar a recuperar a estabilidade, extraindo o que há de melhor em nós e proporcionando-nos a sensação de apoio incondicional de que necessitamos. Ansiamos pela paz que um bom relacionamento nos propicia. Então, como podemos favorecê-los em vez de dificultá-los?

Os relacionamentos se complicam exatamente porque nós existimos em relação ao "Outro". Nossa perspectiva de uma situação ou evento não é sempre igual à desse outro indivíduo. E a complicação extra é que existe ainda uma luta dentro de nós mesmos entre nosso consciente e nosso inconsciente. O primeiro deseja um parceiro; o segundo se lembra de feridas antigas e se apavora. Nosso consciente deseja ser um bom pai; mas o inconsciente tem inveja de nossos filhos ou de suas oportunidades ou tem medo de ser rejeitado por eles. Nosso consciente deseja um emprego seguro, com uma renda garantida; nosso inconsciente morre de medo de se sentir preso a um trabalho pouco interessante.

Para complicar ainda mais a situação, o século XXI assistiu à chegada de algo que, a princípio, parecia um facilitador de bons relacionamentos: as mídias sociais. De certa maneira, Facebook, Twitter, e-mails, etc. exerceram influências positivas no modo como conduzimos nossas inter-relações. Entretanto, tudo isso também aumentou as complicações. Estamos perdendo nossa habilidade de nos relacionar. Ao nos escondermos atrás de uma conta em uma mídia social, deixamos escapar a oportunidade de ficar cara a cara com pessoas reais e perdemos a alegria do entendimento não verbal, da linguagem corporal e das expressões faciais. Como resultado, temos de fazer grande esforço para enfrentar situações nas quais esse tipo de interação é essencial.

Este livro vai demonstrar que sabotamos nossos relacionamentos, involuntariamente, devido aos nossos próprios medos. Nossa criança interior é capaz de sequestrar nossas respostas emocionais a certas situações. Quando os relacionamentos nos atrapalham ou nos causam angústia, precisamos recuar um pouco para enxergar nosso papel nessa relação.

Entender de onde vêm nossa dor, nosso medo e nossa carência é o primeiro passo para ajudar a enfraquecer o poder que esses sentimentos têm sobre nós. Quando conhecemos bem a nós mesmos, fica mais fácil estar num relacionamento e fazê-lo funcionar plenamente. E embora essa tarefa de autoconhecimento possa parecer assustadora, dedicar-se a ela pode ser bastante compensador. São questões que afetam todas as pessoas da mesma forma. Ninguém está imune. Como lidar com meu chefe, um homem tão assustador? Por que minha mãe fica horrorizada com minha mulher? Como fazer com que minhas enteadas gostem do meu filho? O que fazer em relação àquele amigo que exerce má influência sobre mim? Como minha esposa e eu podemos manter contato com nosso neto? O que fazer em relação à minha cunhada controladora? Como gostar mais de mim e aumentar minha autoestima?

Decifrar as ideias e a psicologia por trás dessas e de outras questões pode trazer respostas às grandes perguntas da vida. É verdade que há pessoas que parecem ter mais habilidade para se relacionar. Mas, pela minha experiência, isso não se deve a sorte ou ao temperamento delas, mas ao fato de que elas implementam maneiras bem-sucedidas de interagir com os outros. Elas valorizam seus relacionamentos e investem seu tempo neles. Estão sempre procurando uma forma de fazê-los dar certo.

Mas, acima de tudo, *elas valorizam e respeitam a si mesmas.* Têm conhecimento de quem são ou, pelo menos, de quem estão se esforçando para se tornar (de certa maneira, toda a nossa vida é apenas um longo processo de "nos tornarmos").

Neste livro, vou explorar os relacionamentos para mostrar que, ao nos conhecermos melhor, podemos começar a melhorar as relações interpessoais. Você vai descobrir que alguns relacionamentos podem, sem esforço algum, nos trazer enorme alegria, enquanto outros precisam ser trabalhados. Que há aqueles que já passaram do período de validade e que podemos nos permitir deixá-los para trás.

Espero que, com a leitura dos exemplos e casos aqui descritos, mostrando a luta de outros indivíduos em suas interações com pais, irmãos, amantes, velhos amigos e colegas de trabalho, eu possa inspirá-lo a resolver os seus dilemas pessoais e a experimentar relacionamentos mais plenos para conquistar uma vida melhor.

CAPÍTULO 1

Nós mesmos

O relacionamento de cada um de nós com o próprio Eu é para sempre. Ele tem o potencial de ser a relação mais recompensadora que podemos experimentar e pode gerar sentimentos de completa realização e contentamento.

Quaisquer que sejam as circunstâncias, o único indivíduo que vai acompanhá-lo para sempre, por todos os altos e baixos, por todas as alegrias e tristezas da vida, é Você.

Apesar disso, um número enorme de pessoas deixa-se limitar por uma baixa autoestima, o que compromete tanto sua disposição quanto seu comportamento. Se viver é buscar constantemente uma vida autêntica, precisamos assumir a responsabilidade por nós mesmos e pelas opções que fazemos. Entretanto, para fazermos escolhas boas e saudáveis para a vida, precisamos nos amar e nos conhecer um pouco melhor.

Mas, na verdade, é mais do que isso. Trata-se de desenvolver a habilidade de ficarmos satisfeitos com o que nos acontece, com nossa aparência, com nossos planos, nosso trabalho, nossos outros relacionamentos, nossa trajetória de vida. Tem a ver com aprender a amar a nós mesmos também nos momentos em que as coisas não saem conforme o planejado – quando cometemos erros ou nos sentimos magoados ou inadequados. Trata-se também de reconhecer que, como adultos, ninguém além de nós é responsável por nossas vidas e por nossos sentimentos; que, muitas vezes, procuramos alguém ou algo (álcool, comida, jogo, pornografia) para preencher o vazio de nossa existência, quando é dentro de nós, em nossas emoções, que encontraremos aquilo de que necessitamos. *Somos agentes da nossa própria felicidade e da nossa capacidade de amar e ser amados.*

Quem sou eu?

Nossos relacionamentos são um equilíbrio sutil entre dependência e independência, mas devemos desenvolver força interior suficiente (costumamos nos referir a isso como força do Ego) para que possamos viver e nos sentir plenos por nós mesmos. Caminhar com os próprios pés.

Entretanto, nós não sabemos como ser emocionalmente autossuficientes.

A carta de Jules:

Namoro desde os 14 anos. Sou boa em me adaptar aos interesses dos meus namorados, mas não tenho muita certeza daquilo de que gosto. Costumo ter alguém de reserva antes que o relacionamento do momento acabe. Entretanto, acabei de fazer 30 anos e desejo ficar um tempo sozinha, para descobrir quem sou de verdade. Talvez até juntar um dinheiro e viajar. O problema é que comecei agora a namorar um cara e a ideia de terminar com ele me faz mal. Estou realmente estressada com tudo isso e não sei que caminho seguir.

Atenciosamente, Jules

Jules tem dois medos: o medo de saltar para o desconhecido e viver a própria vida durante certo período e, ao mesmo tempo, o temor de que, se não der esse salto imediatamente, o ímpeto desapareça. Ela se arriscaria a passar o resto da vida perguntando a si mesma quem ela é de verdade.

Jules me contou que começou a namorar ainda na escola, no mesmo momento em que o casamento de seus pais estava em crise. Embora o relacionamento dos pais tenha conseguido vencer toda aquela tensão, Jules usou relacionamentos externos para obter a sensação de segurança de que necessitava. Ela manteve esse padrão ao longo dos anos, sem nenhum intervalo, e acabou não desenvolvendo uma noção do próprio Eu, como um indivíduo. E agora ela não sabia se seria capaz de "sobreviver" sozinha. O fato de preferir adotar como suas as preferências de seus namorados em relação à música ou à comida demonstrava que Jules não tinha confiança na própria capacidade de alcançar seu objetivo (manter um relacionamento, sentir-se segura) assumindo o que ela gostava ou não. A necessidade de estar em um relacionamento superava a de ser assertiva quanto a quem realmente era.

No caso de Jules, exploramos seu histórico de relacionamentos consecutivos e seu medo de ficar sozinha. Para entender de onde vinham aqueles sentimentos, vasculhamos seu passado. Respostas intensas a situações do presente muitas vezes indicam que estamos lidando com questões não resolvidas anteriormente. Por exemplo, poderia ter sido um incidente ou um relacionamento da infância que levou Jules a acreditar que não poderia "sobreviver" sozinha. Também seria possível supor que os relacionamentos consecutivos da adolescência e juventude tenham sido maneiras inconscientes de vacinar-se contra sentimentos de insegurança ou desamor. Entretanto, hoje, esse mecanismo de defesa esgotou-se.

Jules também trabalhou para fortalecer o entendimento de si mesma, o que incluiu fazer uma lista do que a agradava e desagradava, impondo o que desejava fazer socialmente. No início, isso surpreendeu amigos e familiares, que estavam acostumados à sua postura conformada e permissiva. Quando Jules anunciou que não gostava de comida chinesa, todos ficaram chocados ao descobrir que ela deixara de ser uma pessoa dócil. Com o passar do tempo, Jules começou a reconhecer quem em sua vida estava preparado para levar suas preferências em consideração e quem não estava.

Como parte do foco no próprio Eu, Jules resolveu estudar para conseguir uma qualificação extra como copidesque. Como resultado de seu esforço, foi convidada a participar de uma conferência em Johanesburgo, onde conheceu uma editora que a convidou para trabalhar em sua revista pelo período de seis meses. Uma nova e emocionante porta se abriu.

A oportunidade na carreira ofereceu a Jules a estrutura e o apoio necessários ao seu desejo de descobrir quem ela era quando não estava em nenhum relacionamento. Ao desafiar-se, enriquecendo suas próprias habilidades, Jules descobriu coisas novas sobre si mesma. Agora ela pode assumir que não gosta de comida chinesa, que ama cachorros e que deseja viajar. Ela gostou muito de estudar para obter seu certificado, mas não deseja, pelo menos por enquanto, fazer outro curso. Ela terminou o namoro com o "adorável rapaz" (continuam amigos) e não está em nenhum relacionamento. Está desfrutando das novas emoções que a solteirice proporciona.

Medo da solidão

Se entramos em pânico diante da ideia de deixar a pessoa que adoramos (o "objeto de nosso amor"), isso não tem a ver com nosso amor por essa pessoa, mas com o que ela representa. Ela atua como um refúgio de nosso medo da solidão, e, se não tivermos a certeza de que somos fortes e de que temos apoio, nem sempre nos imaginamos capazes de sobreviver sem essa pessoa.

Esse sentimento é um legado dos dias em que realmente era impossível sobreviver sem outros indivíduos para nos alimentar e prover todas as nossas necessidades. Nós nos sentíamos fundidos àquelas pessoas que cuidavam de nós na infância. À medida que crescemos, desenvolvemos habilidades que nos permitem ficar separados, de maneira saudável, de nossos pais ou cuidadores; mas podemos também, sem perceber, entrar em relacionamentos que revivam aquela segurança, aquela fusão.

Ficar solteiro não é garantia de sabedoria e maturidade. E estar em um relacionamento íntimo saudável pode nos ajudar a crescer e nos aprimorar como seres humanos. Esse relacionamento pode nos tornar mais tolerantes, compassivos, afetivos, amorosos, diplomáticos, mais confiantes. Ele pode nos fazer menos egoístas, menos voltados para nós mesmos, menos atemorizados. Encontrar alguém que compartilhe nossos sonhos, valores e planos de vida nos faz sentir imensamente compreendidos.

Mas quem somos quando estamos realmente sozinhos? Essa é uma das grandes questões. É preciso coragem para nos libertar do encantamento da fusão, sentir-se "inteiro" e começar a vivenciar todas as coisas maravilhosas que podemos atingir quando estamos sós. Há inúmeras respostas a essa pergunta e elas podem mudar à medida que envelhecemos.

Descobrindo quem você realmente é

Se você se identificou com a história de Jules e está pulando de um relacionamento para outro, explore sua própria história para descobrir se tem medo de ficar sozinho. Examinando suas relações passadas e lembranças da infância, é possível descobrir se você desenvolveu maneiras de evitar sentir-se magoado, solitário ou inseguro.

Permita-se realmente "sentir". Quando analisar o seu passado, é possível que você experimente sentimentos poderosos, principalmente se voltar a momentos dolorosos. Em vez de evitar as próprias emoções, deixe que elas o acompanhem e perceba como é possível sobrevier a elas, como elas perdem a força com o passar do tempo.

Faça uma lista contendo o que lhe agrada, o que lhe desagrada e aquilo que você gostaria de fazer, mas ainda não fez. Uma boa opção é decorar essa lista com imagens dos objetos ou lugares que você deseja visitar. Essas ideias refletem parte de sua identidade.

DICA

Pratique a defesa de sua identidade falando em voz alta coisas do tipo: "Eu gosto de roxo", ou "Prefiro peixe com batatas fritas", ou ainda "Quero ir aos Estados Unidos". Da próxima vez que alguém quiser fazer algo que você não deseje, sugira uma alternativa ("Obrigado, mas prefiro ver o filme do Daniel Craig"). Dessa maneira, você vai começar a definir a si mesmo em relação aos outros.

Tendo compaixão por nós mesmos

Um componente básico para você se tornar e permanecer pleno é ser mais benevolente consigo mesmo e aprender a se amar. Padrões muito altos podem nos trazer grandes realizações, recompensas e satisfação na vida, mas também podem levar a uma imensa frustração. Muitas pessoas tendem a se punir quando não alcançam tais objetivos.

Entretanto, a diferença entre arrependimento e aceitação, frustração e serenidade não tem nada a ver com ter nascido uma pessoa "que sempre enxerga o copo metade cheio". Tampouco com uma preferência por arriscar-se ou por evitar fracassos. A diferença está em como reagimos às frustrações. Melhorar o relacionamento com o próprio Eu inclui desenvolver compaixão pelas pessoas que um dia fomos, nossas versões mais jovens, que contribuíram para nos trazer até onde estamos hoje.

A carta de Charlotte:

Quando eu tinha 19 anos, fiquei bêbada em uma festa, fiz sexo com um amigo e fiquei grávida. Não estávamos num relacionamento sério e eu estava prestes a sair de casa para fazer faculdade. Fiz um aborto. Hoje, tenho pouco mais de 40 anos e estou solteira – embora não por opção. Em meu último relacionamento, sofri dois abortos espontâneos e agora não paro de pensar na criança que abortei. Não tenho certeza se quero adotar sozinha uma criança e não quero assustar futuros maridos falando sem parar sobre bebês; mas como me livrar da culpa? Não acho que seja uma questão religiosa; o problema é que acho que meu fracasso em gerar uma criança é uma punição pelo aborto de tempos atrás. Não sei o que fazer.

Atenciosamente, Charlotte

A dor de Charlotte é compreensível, pois, além do trauma dos abortos espontâneos e, quem sabe, influenciada pelas emoções que vieram à tona com o recente fim de um relacionamento, ela está agravando seu sofrimento com a ideia de que as perdas são um castigo. Isso demonstra que ela está usando a culpa de um episódio ocorrido na juventude para julgar, com severidade, a mulher que é hoje.

Charlotte está enfocando apenas um lado do aborto – o de que talvez aquela tivesse sido sua única oportunidade de ser mãe.

Olhando para o passado, se ela pudesse voltar atrás, não faria o aborto. Mas não podemos mudar o passado. Podemos apenas mudar nossos pensamentos e sentimentos em relação ao passado, para que ele passe a nos ferir ou assombrar cada vez menos.

A percepção tardia de algo que deveria ou não ter sido feito é *extraordinariamente* inútil. Ela ignora o fato de que a Charlotte de 19 anos estava em um contexto diferente naquela época, com diferentes necessidades e prioridades. Aos 19 ela não se achava madura o suficiente para oferecer a uma criança a estabilidade e o foco necessários. Esses foram motivos racionais para que ela fizesse aquela escolha. Deve ter havido razões emocionais também, que ficaram perdidas nas brumas do tempo, como medo ou ansiedade, confusão ou desamparo.

É aí que a Charlotte de 40 e poucos anos deve ter compaixão pela pessoa que ela é hoje, que incorpora o seu Eu de 19 anos. A tristeza por ainda não ter um filho permanece, o anseio continua, mas o perdão e a culpa podem começar a ceder. Não tem nada a ver com fingir que podemos mudar o passado, mas com aceitar quem somos, quem uma vez fomos e o que estamos sentindo agora.

Por que a compaixão é importante

A compaixão por si mesmo é uma habilidade vital, e estimulo todas as pessoas a desenvolvê-la. A vida coloca vários obstáculos e provações em nosso caminho, e muitas vezes nos culpamos por aquilo que gostaríamos de ter dito ou feito de maneira diferente.

A forma como lidamos com esses momentos é que determina se somos afetados positiva ou negativamente pelos acontecimentos. O remorso, por exemplo, é uma emoção corrosiva. Ele pode nos deixar deprimidos ou letárgicos, minando nossa confiança e envenenando a alegria do presente. Se fôssemos tão cruéis e intransigentes com os outros como somos em relação a nós mesmos, seríamos repreendidos e intimados a mudar nossa postura. Pesquisas demonstraram que a compaixão por si mesmo aumenta muito o bem-estar, reduzindo a ansiedade e a depressão. Ela pode até nos ajudar a manter dietas e uma rotina de exercícios físicos. Além desses benefícios, o desenvolvimento da compaixão por si mesmo ajuda nos relacionamentos com os outros, já que desenvolvemos compaixão tanto pelas nossas fragilidades humanas quanto pelas dos demais.

Uma das formas de desenvolver compaixão é colocar-se em um contexto – tentar lembrar-se, com a maior precisão possível, do que o levou a tomar determinadas decisões, no instante em que as tomou. Pode ser, por exemplo, que você tenha optado por uma carreira que oferecia segurança financeira em detrimento de uma que lhe proporcionasse exercer a sua criatividade. Ao examinar a si mesmo no contexto, você terá mais condições de perceber quem você era naquele momento. Não tem tanto a ver com percepções tardias, mas com o fato de reconhecer que você era, naquela época, uma pessoa diferente da que é hoje. E, portanto, suas necessidades e prioridades eram completamente diferentes.

Para respeitar o Eu, é importante ser honesto consigo mesmo. Quando estamos zangados ou frustrados, precisamos reconhecer isso, em vez de enterrar as emoções – ou elas serão extravasadas erradamente. Se você tem um dia ruim no trabalho, volta para casa e desconta na primeira pessoa que aparece, está transformando em ação as emoções que teme enfrentar.

Como desenvolver a compaixão

Se você se encontra em uma situação semelhante à de Charlotte e se arrepende de uma decisão tomada no passado, leve seu pensamento de volta a quando fez essa escolha e lembre-se de suas razões para fazê-la. Faça uma anotação mental quando se pegar castigando-se por coisas que fez ou deixou de fazer, seja agora ou anteriormente, e questione essa autoflagelação, lembrando-se dos motivos que foram relevantes naquele momento. Ao fazer isso, você poderá começar a ser menos rígido consigo mesmo, mais compassivo, vendo suas escolhas sob uma nova luz.

DICA

Se você está sempre estressado por emoções que parecem esmagá-lo, experimente reconciliar-se, pacientemente, com esses sentimentos e perceba que, com o passar do tempo, eles perdem a intensidade. Dessa forma, você acaba se dando conta de que é capaz de sobreviver às suas próprias emoções – que elas não precisam ser tão devastadoras.

Aprimorando a autoestima

Uma autoestima saudável é vital para um bom relacionamento consigo mesmo. Desenvolver e manter a autovalorização nos proporciona uma base sólida para interagir com os outros. Quando nos sentimos bem a nosso respeito, não nos importamos muito se nem todos gostam de nós ou se nem tudo em nossa vida é perfeito. Deleitar-se com os aspectos positivos da vida diária (nossas amizades, nossas conquistas ou o simples fato de ouvir um pássaro cantando do lado de fora) é algo essencial.

Buscar o lado positivo pode soar como algo banal; algumas vezes pode parecer uma tarefa impossível, principalmente quando o "agora" está repleto de tristezas ou sobressaltos. Mas, em algum momento, essa postura pode nos oferecer a oportunidade de ganhar forças ao enxergar o cenário de um ângulo diferente.

A carta de Dan:

Estive doente por alguns anos e precisei abrir mão não apenas do meu trabalho remunerado, mas também do meu trabalho voluntário como técnico de um time formado por adolescentes carentes. A boa notícia é que agora estou curado, mas, devido ao tratamento, estou fisicamente mais fraco e tenho uma cicatriz que me deixa inibido. Não tenho forças para voltar a ser técnico; então, sinto-me preso, entediado e feio. É como se estivesse em uma encruzilhada, sem saber em que direção seguir. Por favor, me ajude.

Atenciosamente, Dan

A situação de Dan demonstra como alguns eventos podem nos fazer sair dos trilhos. Ao ficar doente, Dan se comportou de maneira sensata – priorizou o tratamento. Agora, ele está pronto para começar uma nova fase da vida. Mas como fazer isso? Perder o emprego, ficar doente, divorciar-se ou ter de abrir mão de algum grande sonho, como por exemplo ser um jogador de futebol, são situações que podem alterar a maneira como enxergamos a nós mesmos e afetar seriamente a nossa autoestima. É necessário, então, que trabalhemos nosso Eu para resgatá-la.

Para Dan, os procedimentos médicos relacionados ao tratamento não apenas lhe custaram o emprego, mas também a confiança. Agora que o tratamento acabou, ele tem mais tempo livre, mas isso só realça o vazio que sente e a falta de crença em si mesmo.

Procuramos maneiras de ele se aproximar socialmente de amigos que o apoiaram como forma de agradecimento e de mostrar que era hora de seguir em frente. Analisamos também as opções de trabalho que poderiam ser gratificantes e ampliariam a sua rede de amigos. Dan temia que a brecha em seu currículo dificultasse o interesse de futuros empregadores; então, fizemos um rascunho da carta de apresentação na qual ressaltamos os pontos positivos de sua experiência, sua capacidade de encarar o problema de frente e lidar com emergências. Algumas questões em nossas vidas parecem intransponíveis, mas a jornada torna-se mais difícil quando ficamos presos aos pensamentos negativos.

É claro que, se um futuro empregador se interessasse pela carta de apresentação de Dan e lhe oferecesse um emprego, seria um imenso impulso à sua autoestima. Mas o ideal é que nossa autoestima venha de dentro. Embora a cicatriz de Dan não seja tão perceptível, ele se sente muito incomodado, pois acredita que será considerado um homem feio. Mas essa é uma projeção nos outros daquilo que Dan pensa sobre si mesmo. Sempre que nos pegamos preocupados com aquilo que as outras pessoas pensam a nosso respeito, precisamos, conscientemente, desafiar essa ideia e nos questionar: "Que importância tem a opinião dos outros?"

Reconstruindo a autoestima

Se você se identificou com a história de Dan e também já sofreu golpes na vida que afetaram sua autoestima, faça uma lista de palavras *positivas* que usaria para descrever a si mesmo. Da mesma forma, narre aquilo que aconteceu a você sob uma luz positiva, jamais negativa. Ao fazer isso, vai reenquadrar a sua própria experiência e inaugurar um tema bem diferente para a sua vida. Preste atenção ao seu "crítico interior" e questione-se sempre que se pegar dizendo: "Eu não tenho esse mérito."

Comece a fazer uma lista dos motivos pelos quais você *tem* “esse mérito”.

DICA

Se você está lutando contra a baixa autoestima, faça um esforço consciente para mudar seu pensamento negativo, substituindo substantivos e adjetivos negativos por positivos. Ofereça a si mesmo elogios e reconhecimento quando se sair bem ou quando fizer algo que traga bem-estar a você e aos outros. Isso vai libertá-lo de velhos hábitos e formas de pensar.

Desafiando o pensamento negativo

Alimentação adequada e exercícios moderados mostram que respeitamos e adoramos nosso corpo, que amamos nosso Eu. Embora nenhum de nós (repito, *nenhum* de nós) seja perfeito, todos possuímos beleza interior e exterior. Para evitar os pensamentos negativos sobre nossa aparência, é vital compreender quantos cuidados e retoques fotográficos são necessários para chegar às incríveis e aparentemente naturais imagens que vemos nas revistas, na TV ou na internet.

Mas o verdadeiro problema está em acreditar que essas imagens refletem a única aparência que temos permissão para adotar. Ou que ser de determinado tamanho ou ter determinada sexualidade significa que você é uma pessoa melhor. Em vez disso, aprenda a ver a beleza em cada centímetro quadrado de si mesmo.

E qualquer pessoa que insistir que a beleza e os cuidados com a pele são passatempos frívolos precisa conhecer uma fundação dedicada ao câncer, chamada *Look Good Feel Better*

(Pareça Bem, Sinta-se Melhor). Trabalhando com empresas de maquiagem por todo o mundo, essa organização faz seminários em hospitais para ajudar pessoas submetidas a tratamentos contra o câncer a lidar com os severos efeitos causados à pele. O incentivo à autoestima é fenomenal e inspirador. Dan, por exemplo, decidiu comprar alguns corretivos para cobrir ligeiramente a sua cicatriz e logo se sentiu mais aberto e menos inibido.

Sendo amável consigo mesmo

Amar a si mesmo é um processo de toda uma vida, com muito poucas soluções rápidas. Melhorar a autoestima pode levar tempo. Os cuidados com a pele e os cosméticos, por exemplo, provocam efeitos altamente positivos na maneira como nos sentimos sobre nós mesmos, levantando nosso ânimo, oferecendo-nos uma aura de confiança.

O estresse libera hormônios, como o cortisol, durante episódios de grande tensão e acaba por cobrar um preço alto de nossa pele, de nossos padrões de sono, de nosso apetite e de nossas emoções. Até mesmo a fertilidade pode ser negativamente afetada pelo excesso de estresse.

Ser amável consigo mesmo inclui dormir o suficiente, exercitar-se com moderação e fazer um intervalo decente para almoçar. Não precisa ser uma hora inteira, embora eu não esteja sugerindo um sanduíche apressado sobre a mesa de trabalho. Como psicoterapeuta, tenho consciência de que uma pista sobre o empobrecimento da saúde mental de uma pessoa é a falta de cuidado que ela demonstra ter consigo mesma.

Assim sendo, não estamos falando apenas de desenvolver a compaixão, mas de prestar atenção e sermos amáveis em relação a nós mesmos. De nos permitirmos um tempo para relaxamento e diversão. Qualquer coisa que alimente a alma vale a pena. São maneiras de nos lembrar que devemos viver e não apenas sobreviver. Acho que o mundo está carente de amabilidade; podemos começar sendo amáveis com os que nos são mais próximos, inclusive nós mesmos.

Nossa necessidade de aceitação

Queremos ser parte da turma e somos levados a nos adaptar quando, na verdade, não queremos fazê-lo. E aquele que somos quando estamos sozinhos difere completamente de quem somos perante nosso chefe, nossos avós, nossos amigos ou mesmo diante de estranhos. Ambientes diferentes moldam nossa maneira de ser.

A carta de Mikaela:

Vou me casar daqui a quatro meses, mas, ao fazer a lista de convidados, tive vontade de desistir. Percebi que mantenho meus amigos em áreas muito distintas e que sou uma pessoa diferente com cada um deles. Na escola, eu era descontraída e desbocada em público, mas, secretamente, estudava bastante. Entrei em uma universidade longe de casa, onde todos os meus amigos falavam de uma maneira diferente. Hoje em dia, no trabalho, sou um pouco como um camaleão, o que tem sido uma inesperada qualidade, já que me pedem para escrever discursos para pessoas mais velhas da firma, pois sei imitar a forma como diferentes pessoas se expressam. Mas o que fazer no meu casamento? Estou apavorada, com medo de que todos me vejam como uma farsa. Como posso mudar – e bem depressa?

Atenciosamente, Mikaela

O medo que Mikaela sente de ser considerada uma farsa talvez seja uma projeção, um sinal de suas inseguranças. Fiquei chocada por ela estudar *secretamente* na escola para se adequar ao grupo. É possível que existisse um resíduo de culpa de que, ao estudar em segredo, ela estivesse fazendo um julgamento tácito sobre aqueles que não estudavam e agora ela teme que isso se volte contra ela. Mikaela precisa ter compaixão pela escolha que fez naquela época e sentir orgulho pelos esforços que lhe renderam boas notas.

Ela precisa também fortalecer seu entendimento sobre si mesma (aquilo em que acredita, seus valores) para se sentir confiante diante de qualquer julgamento. É importante estar segura sobre quem ela é. Elogiar-se e expressar gratidão pelo que alcançou – não apenas por suas realizações no trabalho, mas pela habilidade no trato com as pessoas, o que a levou a estar sempre cercada de bons amigos – são atitudes que vão fazê-la valorizar-se. *Todos nós podemos nos beneficiar do desenvolvimento de uma moderada apreciação de nossos dons e capacidades individuais.*

Como parar de se preocupar com o que os outros pensam a seu respeito

Se você se identificou com a história de Mikaela e se preocupa com o que os outros pensam a seu respeito, ou teme que o considerem uma farsa, lembre-se de que somos criaturas imitadoras e, desde o nascimento, aprendemos a funcionar no mundo copiando o que os outros fazem. Com o passar do tempo, moldamos nosso comportamento para nos sentir aceitos pelo "grupo". Em algum grau, todos nós o fazemos, já que nunca somos inteiramente o mesmo indivíduo na companhia de pessoas diferentes.

DICA

Seja verdadeiro consigo mesmo e lembre-se de que todos nós agimos de maneira um pouco diversa em ambientes diferentes. Uma forma de permanecer fiel a você mesmo é identificar seus valores mais básicos, que são a sua essência, qualquer que seja o ambiente. Refine a sua autovalorização fazendo uma lista diária de suas conquistas, por menores que sejam, e tenha prazer por tê-las alcançado.

Meditação da atenção plena

A maioria das pessoas passa um tempo enorme refletindo sobre o passado ou se preocupando com o futuro. A atenção plena é um processo extraordinário em que prestamos uma atenção serena em nós mesmos e no mundo que nos cerca, no momento presente, por meio da meditação. Tem a ver com aceitar as coisas como elas são, inclusive nossas emoções e nosso humor. Ela é excelente para melhorar a concentração e o sono, regular sentimentos incômodos e reforçar a relação com o Eu, ajudando o indivíduo a se manter alerta às experiências e às emoções.

A atenção plena cria um espaço mental para libertar o estresse de nossas mentes causado por pensamentos relacionados a planos, pessoas, críticas e expectativas. Para praticá-la, encontro um canto silencioso em meu consultório, sento-me em minha cadeira, depois do almoço, e fecho os olhos. Quando me sinto pronta, concentro-me em minha respiração normal, prestando atenção à inspiração e à expiração, observando, entre uma e outra, as diferenças de temperatura em minhas narinas e as várias sensações em partes distintas do meu corpo.

Para mim, o segredo da atenção plena é o desenvolvimento da compaixão por aqueles momentos em que a mente divaga, seja pensando na minha lista de tarefas a executar, num trecho de uma conversa ou no sonho da noite anterior; eu me deixo levar um pouco por essas reflexões, mas logo volto a pensar em minha respiração.

O cérebro é ativo; portanto, ter pensamentos durante a atenção plena não é algo "errado". Basta reconhecer o novo pensamento e, gentilmente, levar o foco de volta à respiração.

Atenção plena no dia a dia

Você pode fazer a meditação da atenção plena no banho, no ônibus, até na fila do supermercado, se tiver a má sorte de ter de esperar tanto tempo. Você também pode meditar enquanto come. Faça uma refeição com atenção plena pelo menos uma vez por semana, preparando a comida, dando pequenas garfadas, lembrando-se de mastigar adequadamente, aproveitando os sabores e as texturas, tentando ficar em silêncio por no mínimo metade do tempo da refeição (o que, para mim, é a parte mais difícil). Isso tem menos a ver com a escolha do alimento e mais com escolher *como* comer. Algumas pessoas relataram ter sentido mais prazer na hora das refeições em família, e aquelas que têm problemas digestivos disseram perceber a diminuição do inchaço e do desconforto, além da menor necessidade de beliscar entre as refeições. Em vez de a comida ser algo que preenche um vazio ou que é engolido sem pensar, a maneira como comemos torna-se parte importante do processo. Ao demonstrar mais respeito pela comida que você coloca dentro de seu corpo, você está demonstrando mais respeito pelo seu Eu.

DICA

Comece a praticar a meditação da atenção plena encontrando um lugar silencioso em casa ou no trabalho e concentrando-se em sua respiração por dez minutos. Execute esse processo lentamente, aumentando o tempo aos poucos, e tenha compaixão quando sua mente divagar. Tente fazer uma refeição com atenção plena por semana, respeitando tanto o alimento quanto o seu corpo.

Autoestima

A autoestima e a confiança andam de mãos dadas. Se nos sentimos valorizados e dignos, não toleraremos ser maltratados por quem quer que seja – o atendente em uma loja, o garçom no restaurante ou mesmo nosso parceiro. Quando temos noção de que merecemos mais, tomamos uma atitude.

Quando sofremos de baixa autoestima, ou quando a pouca que temos é continuamente corroída por um relacionamento, pode parecer impossível nos defendermos.

A carta de Vicky:

Meu pai saiu de casa quando eu era pequena, e hoje percebo que, nos meus relacionamentos, sou atraída por homens que me tratam mal. Meu parceiro me agrediu fisicamente. Por sorte, ainda não tivemos filhos e estou bem profissionalmente. Mas, perto dele, sinto-me tão imprestável que me tornei de fato imprestável. Não tenho certeza se tenho coragem de ir embora. Eu ainda o amo muito, mas creio que o que ele fez foi errado.

Atenciosamente, Vicky

Se você sofre (ou já sofreu) qualquer experiência de violência doméstica, por favor, procure a delegacia de mulheres mais próxima de sua casa. Lá encontrará pessoas treinadas para conversar com você e ajudá-la.

Mesmo que comecemos nossa vida com muita confiança e autovalorização, alguns relacionamentos podem destruir isso brutalmente e nos fazer sentir aniquilados. Como Vicky demonstrou, sua carreira bem-sucedida não a tornou imune a um relacionamento disfuncional e violento. Além disso, a relação a deixou com uma visão tão distorcida do mundo que ela não tem certeza se o fato de seu companheiro agredi-la é certo ou errado.

Homens manipuladores, controladores ou violentos são mais atraentes para algumas mulheres do que para outras. Aquelas com baixa autoestima ou provenientes de famílias instáveis costumam sentir-se atraídas por eles. Algumas afirmam se aproximar de homens assim na esperança de domá-los ou modificá-los, enquanto outras são seduzidas pelas qualidades que eles possuem e elas, não; e isso as faz se sentir, de uma forma perversa, completas.

As mulheres que permanecem em um relacionamento como esse pagam um preço alto, não apenas físico, mas também psicológico. *Essas mulheres precisam de alguém que as ouça, não de quem as julgue.* Deixar esse parceiro é muito mais difícil do que parece. Vicky tem uma boa carreira, que lhe oferece uma renda estável; mas muitas mulheres não têm a mesma sorte. Às vezes elas não possuem dinheiro suficiente para sustentar a si mesmas e aos filhos ou temem que a sociedade venha a considerar vergonhosa a atitude de abandonar o parceiro.

Mulheres e crianças na mesma situação de Vicky precisam de apoio emocional e prático. Com frequência, essas mulheres precisam ficar em algum lugar seguro antes de lidar com essas questões. No Brasil existem alguns núcleos especializados no apoio a mulheres que sofrem agressão doméstica.

Mas ninguém deve ser complacente. Toda mulher que embarca em um relacionamento íntimo precisa ficar alerta caso o parceiro a trate de maneira desrespeitosa. Pode ser que ela não tenha testemunhado um relacionamento respeitoso quando criança ou talvez tenha um desejo tão desesperado de ser amada que está preparada para sobreviver apenas com as migalhas de afeto que lhe são oferecidas. E então, ao ser tratada com falta de respeito, isso apenas confirme sua mais profunda crença sobre si mesma: a de que não merece nada melhor.

Desenvolvendo uma força que diz: "eu mereço"

Se você se identificou com a história de Vicky e também sofreu violência doméstica ou abuso verbal/emocional, precisa, com urgência, criar um grupo de apoio para si mesma com pessoas em quem pode confiar. Isso fará com que você não se sinta isolada, o que também vai ajudá-la a reunir forças. Esteja preparada para abandonar uma pessoa que a machuque física ou emocionalmente e *questione-se mentalmente cada vez que quiser culpar ou julgar a si mesma* ou dizer que você não merece coisa melhor.

Quando nos sentimos e nos comportamos como um verme, as pessoas nos pisam sem pestanejar. Quando nos sentimos confiantes e em paz com nosso Eu, atraímos boas energias. Queremos estar cercados de amigos e parceiros que nos deem um valor igualmente alto, e não de pessoas que nos puxem para baixo. Aprender a valorizar-se é uma habilidade essencial na vida.

DICA

Converse consigo mesmo de maneira amorosa, respeitosa e solidária. Cuide de si mesmo fisicamente com uma alimentação saudável e um sono reparador, o que também trará benefícios para a sua força interior. E essa tendência a dizer "eu não sou merecedor" deve ser sempre questionada.

Autoconfiança

A falta de autoconfiança pode nos deixar altamente inibidos e ativar ansiedades preexistentes. Pode nos deixar desesperados, temendo nunca alcançar aquilo que almejamos e, com frequência, nos tornar cegos para o que já conseguimos.

A carta de Connie:

Embora eu seja bem-sucedida no trabalho, sempre que faço esses testes que aparecem nas revistas o resultado é o de que sou uma pessoa ansiosa. Acho que é verdade, porque sempre me preocupo com o que as pessoas pensam e, embora seja promovida todo ano e tenha, paralelamente, o meu próprio negócio, acho que meu problema está piorando. Olho para as outras pessoas e elas me parecem tão confiantes, ao passo que eu estou sempre aflita para conseguir a próxima promoção, como se precisasse provar algo para mim mesma. Como faço para não me sentir tão ansiosa o tempo todo?

Atenciosamente, Connie

Algumas pessoas veriam Connie como uma mulher bem-sucedida profissionalmente, que atingiu muitos objetivos pessoais dentro e fora do local de trabalho. Entretanto, ela não era uma pessoa confiante. A ironia é que, de certa forma, a sua ansiedade a impulsionou a triunfar no trabalho e a abrir, de maneira paralela, o próprio negócio. Mas esse lado da sua personalidade também dificultava qualquer prazer que ela pudesse alcançar com suas vitórias.

Sugeri que Connie fizesse uma lista de suas realizações, tanto no trabalho quanto na vida pessoal. Essa é uma técnica que todos nós podemos adotar anual, mensal ou até diariamente. É bom poder relembrar as coisas boas, pois, como nossos dias são uma mistura de momentos bons, ruins ou indiferentes, é muito fácil esquecer ou desvalorizar aquilo que é positivo. Ter um registro favorável é importante, é um aliado naqueles instantes difíceis, quando nossos monstros interiores insistem em corroer nossa confiança.

Também pedi que Connie pensasse sobre a origem de seu impulso para seguir em frente e alcançar objetivos. A confiança advém de várias fontes, assim como a baixa autoestima. Pais ou escolas excessivamente pessimistas e críticos podem gerar uma sensação de que só seremos amados se formos bem-sucedidos. Quando Connie tivesse alguma compreensão – algum entendimento – sobre a fonte de sua ambição, poderia fazer as pazes com essa experiência.

Outro aspecto de sua enorme ansiedade é que ela tinha a impressão de que todo mundo se sentia confiante, com exceção dela própria. Pedi-lhe que imaginasse todas as pessoas importantes em sua vida (pais, amigos, clientes) se reunindo para elogiá-la. Durante a experiência, Connie se recordou da forma como todos costumavam falar sobre ela, ficando claro que a viam como alguém extremamente seguro. Elas não percebiam como Connie se esforçava para esconder seu lado ansioso e inseguro. E percebeu que provavelmente aqueles que mais admirava também não se sentiam tão confiantes quanto aparentavam. Connie precisava concentrar-se em acreditar no quanto ela era extraordinária.

Tempo para se sentir confiante

Algumas vezes, pode nos ajudar muito pensar na máxima "Finja até que se torne verdade". Assumir um nível de confiança que de fato não sentimos é difícil quando acreditamos que as chances estão contra nós. Mas, na realidade, o que no início nos parece forçado pode aos poucos se concretizar.

Certa vez, eu aguardava nos bastidores, com um outro palestrante, o momento de entrar no palco para uma conferência. O sujeito era um homem de negócios altamente bem-sucedido que havia modernizado várias empresas e que, em decorrência disso, era cortejado por líderes mundiais. "Detesto fazer esse tipo de coisa", disse-me ele. "Encontros de acionistas, informes políticos; até mesmo quando faço palestras em minha antiga escola, suo como um porco e morro de medo de entrar no palco."

Ao subir ao palco, é claro, sua apresentação foi irretocável; ele fez uma palestra espirituosa e respondeu às perguntas de improviso. A plateia ficou inspirada por seu desempenho. E só eu pude ter uma ideia de sua profunda ansiedade interior.

O mais extraordinário é que agir de maneira confiante pode incutir sentimentos verdadeiros de confiança, ao mesmo tempo que ser assertivo faz com que as outras pessoas nos levem mais a sério. É um ato de coragem, com o potencial de se tornar uma profecia autorrealizável. E, embora "soluções milagrosas" não existam, é nesse momento que recomendo algo que se *parece* com uma. É o equivalente a tomar uma aspirina para uma dor de dente. Dedicar um tempo para conhecer bem a nós mesmos, para que possamos fazer escolhas saudáveis para a nossa vida, é a única solução.

Se você se identificou com a história de Connie e sofre de ansiedade misturada com baixa autoestima, faça uma lista das palavras que você imagina que as outras pessoas em sua vida usariam para descrevê-lo. Que frases você colocaria em um crachá para defini-lo e quais você gostaria de melhorar? Também é útil explorar a sua história de vida, o que vai ajudá-lo a identificar as possíveis origens de sua falta de confiança.

DICA

Para aumentar a sua autoconfiança, crie uma lista de todas as suas conquistas anuais, mensais ou diárias. E releia-a sempre não apenas para se lembrar de suas realizações, mas também para questionar qualquer pensamento negativo remanescente. E, ao mesmo tempo, você vai reenquadrar sua experiência de vida sob uma luz mais positiva, o que vai atuar como um ponto de partida mental para a próxima experiência positiva.

Protelação

Inúmeras coisas podem nos impedir de viver a vida que queremos, mas a protelação é, possivelmente, a mais grave, pois equivale a uma autossabotagem.

A carta de Penny:

Eu sempre começo o ano cheia de boas intenções sobre mudar de emprego e começar um curso noturno. Mas, depois de voltar para casa, preparar o jantar e verificar meus e-mails, estou cansada demais. Nos fins de semana, é sempre a mesma coisa: não estou nem cansada, mas sempre acho coisas melhores para fazer do que atualizar meu currículo ou procurar um novo passatempo. Será que algum dia conseguirei mudar?

Atenciosamente, Penny

A protelação é uma estratégia a que recorremos quando estamos temerosos ou ansiosos sobre algum possível resultado. Assim sendo, regulamos essas emoções colocando obstáculos no caminho ou imaginando que outras coisas mais essenciais (lavar os pratos, ver os e-mails) precisam ser feitas antes.

É muito fácil achar graça da protelação, mas ela pode atrapalhar nossa carreira, nossas realizações, nosso prazer, até mesmo nossa saúde. Preocupar-nos com aquilo que deixamos de fazer enfraquece o sistema imunológico, pois todos os hormônios do estresse invadem o nosso corpo. Resoluções importantes, como marcar um teste de Papanicolau ou um exame de próstata, ir ao dentista ou tomar uma vacina, podem ser prejudicadas pela protelação. Escolhas fortuitas que podem afetar nossa vida.

Penny precisa entender melhor a si mesma para perceber o que a procrastinação está mascarando. Ela está com medo do fracasso ou de não conseguir o emprego para o qual mandaria o currículo? Sente-se ansiosa em relação ao sucesso, temendo que um novo emprego a obrigue a fazer mudanças em sua vida? Ou, ainda, tem receio de não estar à altura das expectativas de novos indivíduos?

A protelação nos mantém isolados em uma bolha. Essa bolha pode, muitas vezes, ser desagradável, mas pelo menos é um lugar familiar. E o que é familiar nos dá uma sensação de segurança. A alternativa é um mundo de resultados desconhecidos, e seres humanos não são muito bons em lidar com o desconhecido.

A boa notícia para Penny é que a protelação é uma resposta aprendida, o que significa que podemos desaprendê-la. Sugeri que Penny identificasse qual era a sua forma de postergar, para que ela pudesse, de maneira consciente, apanhar-se agindo assim e tomar a decisão consciente de parar. Como Penny, precisamos *desafiar as regras em nossa cabeça*. Ideias como "Só posso começar a fazer meu currículo quando minha escrivaninha estiver organizada" precisam ser redefinidas em nossa mente. É necessário reconhecer se as tarefas são realistas – ou seja: nós temos mesmo alguma intenção de executá-las algum dia, ou elas são "tarefas impossíveis"? "Tarefas impossíveis" são obstáculos que criamos para evitar enfrentar outras coisas.

Dizendo adeus ao "protelador"

Se você reconhece em si mesmo tendências semelhantes às de Penny, lembre-se de que é possível desafiar a protelação. Prometer a si próprio um prêmio ou recompensa é uma excelente forma de manter o foco e trazer mais energia positiva ao processo. Prefira agir assim a brigar consigo mesmo pelo que deixou de fazer ou que não fez com a perfeição que gostaria. Isso porque outro aspecto da procrastinação é que, em geral, ela está ligada ao perfeccionismo. Se, por um lado, temos medo de não executar a tarefa de acordo com nossos altos padrões, por outro, tememos o sucesso e o vazio que virão depois se a realizarmos com êxito.

Também aconselho mais sono e mais exercícios. Dessa maneira, você combate uma das ilusões mais comuns acerca da protelação, que é dizer que está muito cansado para lidar com determinadas tarefas. Criar um regime de sono reparador é uma forma natural de auxiliar as outras mudanças que você fará para desafiar o seu hábito de adiar.

DICA

Fique mais consciente de seu comportamento e do que você faz durante o dia para que possa se pegar no momento em que tentar protelar algo. Nesse momento, você pode perguntar a si mesmo: "Do que tenho medo: fracasso, sucesso ou imperfeição?"

O aprendizado de toda uma vida

A jornada do aprimoramento da autovalorização e do próprio prazer pode – ou melhor, *precisa* – continuar enquanto durar a nossa existência. Ao nos adaptarmos aos nossos próprios limites, podemos florescer e descobrir novos estímulos. E como criamos novas conexões neurais em nosso cérebro durante toda a nossa vida, nunca somos velhos demais para conhecer gente nova, tentar algo novo, abraçar um passatempo ou seguir uma nova paixão.

A carta de Margareth:

Tenho 76 anos e meus adorados netos já estão longe da idade de precisar dos meus cuidados. Infelizmente, meu marido morreu há dois anos e hoje eu me sinto pronta para seguir em frente e fazer algo novo. Adoro jardinagem e há pouco tempo conheci o diretor de uma prisão local de alta segurança que sugeriu que eu fosse até lá e ensinasse jardinagem e horticultura aos internos. O problema é que alguns de meus amigos, e a minha filha inclusive, estão horrorizados com a ideia. Todos acham que serei atacada. Como posso fazê-los entender que tenho um enorme conhecimento que quero dividir e que ainda não estou pronta para me aposentar?

Atenciosamente, Margareth

Por que insistimos em colocar pessoas em caixas? É como se tivéssemos medo da diferença ou pavor de nos comparar a alguém e descobrir nossas carências. Margareth deseja satisfazer sua paixão por plantas e, ao mesmo tempo, recebeu a proposta de uma experiência, que considera excitante, para "retribuir" ao mundo. Embora não tenha formação como professora, ela sabe que possui grande conhecimento para transmitir, além de experiência, não apenas com plantas, mas com coisas como cultivo, crescimento e paciência.

É difícil defender um ponto de vista diante da oposição – principalmente se essa oposição vem de pessoas a quem amamos. Mas o fato é que, quando nos conhecemos bem, somos capazes de nos posicionar bem. Se sabemos, quase que por instinto, que é isso o que desejamos fazer, o primeiro passo é persuadir a nós mesmos; o que facilita a tarefa seguinte de convencer os outros.

Margareth acreditava que seria bom enfrentar novos desafios, manter-se mental e fisicamente ativa. E conseguiu fazer a filha perceber que seria algo bom e inspirador para os netos vê-la como uma septuagenária diligente e produtiva.

Nessa situação, coube a ela dar atenção aos temores da filha, mas também ter respostas tranquilizadoras. Margareth conversou com o diretor da penitenciária sobre as condições de segurança que estariam vigentes enquanto ela estivesse dando aulas aos internos e repassou-as à filha. Ela também prometeu manter o celular sempre ligado. E isso as fez rir, pois notaram que os papéis de mãe e filha estavam se invertendo.

Para fazer boas escolhas para a vida, é preciso que nos conheçamos bem. E Margareth tinha consciência de que era uma pessoa que se sentia revigorada por novos desafios.

Vivendo a vida que você deseja

Se a história de Margareth é semelhante à sua e, qualquer que seja a sua idade, você deseja aproveitar mais a vida, fique de pé na frente do espelho e defenda a sua proposta de embarcar em algo novo. Será uma boa prática para convencer os outros. Analise de que maneira a sua vida seria diferente se você tivesse total permissão, dinheiro e saúde para fazer o que quisesse. Como você se sentiria? Agora, dê a si mesmo autorização para pesquisar essa tarefa ou ideia.

DICA

Seja verdadeiro consigo mesmo, identifique os seus valores, independentemente de sua idade, e comece a avaliar alguns itens de sua lista de coisas a fazer. Lembre-se de que só temos uma vida e devemos nos esforçar ao máximo para realizar aquilo que queremos para não nos arrependermos mais tarde.

Como viver e não apenas existir

A pedra angular do seu relacionamento com o Eu é amar a si mesmo. À medida que você vai, ao longo da vida, descobrindo quem você é, precisa lembrar-se também do quanto é único e extraordinário. Não estou falando de ser complacente, egoísta ou narcisista. Refiro-me a valorizar a si próprio. Ninguém possui o seu singular conjunto de experiências. Nenhum outro indivíduo tem pontos fortes como os seus, nem precisa lidar com as mesmas fraquezas individuais que você possui. Usufrua da aventura de ser você.

Não é preciso esperar a aposentadoria para tentar fazer algo radical ou novo. Embora eu não seja especialmente ligada a religião, todos os anos, quando chega a Quaresma, eu me inspiro em uma amiga muito religiosa que aproveita essa época para *começar* alguma coisa, mudando um pouco a versão mais tradicional que prega que se deve *abrir mão* de algo.

O que quer que você escolha fazer, *faça.* Tente ler um jornal diferente um dia por semana, aprender algumas expressões em um novo idioma ou trocar o caminho para o trabalho. O hábito promove a inércia e a baixa energia. Mudar significa abraçar o próprio futuro. É preciso coragem para aceitar que precisamos modificar algo ou fazer as mesmas coisas de forma diferente. Mas, no final, o que realmente importa é nos desafiarmos a viver essa única vida que temos da maneira mais completa, colocando em uso o máximo de nossa capacidade.

E isso também inclui ficar ocioso e relaxar. Devemos ter cuidado com a "armadilha" do excesso de tarefas – quando nos ocupamos além da conta, provavelmente como forma de fugir de alguma coisa que tememos –, reservando momentos para uma tranquila reflexão ou para recarregar as energias.

Certa vez assisti a uma entrevista com uma mulher que se casou com um membro da família real e que, após fazer algumas escolhas infelizes, acabou marginalizada. Ela mencionou, nessa ocasião, um conselho que deu às duas lindas filhas que tiveram quando ainda eram pequenas: *entrem em qualquer lugar com um sorriso.*

Não sei o que há nessa simples frase que me toca tanto, mas acho que esse é o melhor dos conselhos que se poderia oferecer a outra pessoa para prepará-la para um mundo que costuma nos dar de volta tudo o que distribuímos. Se você se mostra zangada, reclama ou se afasta, o mundo faz o mesmo. Mas se você sorri, aumenta suas chances de receber um sorriso de volta.

Esse é o tipo de presente que temos o direito de dar a nós mesmos. Esse e a constante preleção animadora sobre prazer, encorajamento e louvor. Para desenvolver nossa resiliência emocional, precisamos ser tão encorajadores conosco quanto seríamos com nosso melhor amigo, um parente querido ou nossa criança interior. Dessa forma, você pode se tornar o seu próprio conselheiro de vida ou o líder de torcida de seu próprio time.

Se prestar atenção aos seus limites, tratar-se com compaixão e respeito e permanecer fiel a si mesmo e aos seus valores, ao mesmo tempo que mantiver a flexibilidade necessária para estabelecer uma relação com os outros, você não apenas assumirá a responsabilidade por sua vida, mas também criará uma atitude amorosa e respeitosa para se entregar a novos relacionamentos.

CAPÍTULO 2

Pais

"Famílias felizes" é um ideal tentador, observado com regularidade em filmes e comerciais, mas que raramente existe. É um mito cuja raiz está em ideias ligadas à segurança, ao amor incondicional e à paternidade altruísta, criando múltiplas expectativas por todos os lados. Como nossos pais são apenas humanos, sua paternidade sempre terá falhas.

Mas só podemos ser pais dentro de nossas habilidades, e todos nós temos ângulos cegos de nossa experiência de vida que afetam essas habilidades.

Primeiros modelos

Nossa relação com nossos pais fornece os primeiros padrões para nossos futuros relacionamentos. Nem sempre temos consciência disso, mas a maneira como nossos pais se comportam, e lidam (ou não) com a vida, e se relacionam (ou não) com seus próprios pais e familiares nos serve de exemplo de como atuar (ou não). Em geral, carregamos esse modelo para nossos relacionamentos íntimos (falarei muito mais sobre isso no Capítulo 4, "Companheiros"). No início, agimos assim sem perceber, mas, com o passar do tempo, começam a aparecer pistas que nos levam a entender as escolhas que fizemos – e que continuamos a fazer. Se você acha que está sempre escolhendo o homem errado, analise seus primeiros padrões de relacionamento – com o objetivo de adquirir conhecimento e não de apontar culpados.

A carta de Hilary:

Meu pai era do exército e tínhamos um relacionamento afetuoso, porém formal. Há pouco tempo, meu marido me trocou por outra mulher e comecei a sentir muita raiva do meu pai. Meus filhos acreditam que seja porque, devido à carreira dele, fui enviada para várias escolas diferentes inúmeras vezes. Eu me sinto péssima por causa disso, já que o pobre homem hoje tem quase 90 anos. Não acho que a culpa seja dele; então, por que sinto tanta raiva do meu próprio pai?

Atenciosamente, Hilary

O que a história de Hilary ilustra é que culpar nossos pais por nossas vidas e pelo que nos acontece não faz sentido. O importante é compreender nosso relacionamento com eles e enxergar como isso nos influenciou. No caso de Hilary, ela observou que sempre escolheu homens "autoritários" que gostavam de controlar, homens que apreciavam a ordem, a rotina e a disciplina. Nem todos os namorados de Hilary estavam no exército, mas todos tinham traços de personalidade semelhantes.

A mudança constante de escola contribuiu para que Hilary não desenvolvesse confiança social. Esse é outro motivo pelo qual ela se sente atraída por homens mais confiantes socialmente. Quando terminou o ensino médio, aos 17 anos, Hilary havia estudado em sete escolas, em três continentes. Ainda hoje ela sente que não tem amigos íntimos, apenas o filho e a filha. As escolhas feitas por seus pais eram comuns naquela época, mas Hilary se lembra de sentir-se triste e zangada por eles a enviarem para estudar tão longe de casa. Mas ela jamais lhes revelou essa raiva.

Assim sendo, o pai de Hilary não é o culpado. E, para compreender a resposta emocional de Hilary ao seu casamento e à separação – em outras palavras, para entender as próprias escolhas de vida empreendidas por ela –, é preciso perceber que o relacionamento com o pai faz parte desse processo. Mas o que importa aqui é que ela assuma suas emoções, tendo compaixão pela menina que teve de sufocar as lágrimas todas as noites no dormitório, que fantasiou sobre ver os pais entrando na escola e levando-a embora. Pois, agora que seu marido a deixou, antigas emoções vieram à tona. Ela se sentiu abandonada novamente.

Essa nova descoberta, do passado influenciando o presente, dá a Hilary a chance de processar aquela emoção enterrada e ver como ela influenciou a pessoa que é hoje, sem nenhuma necessidade de encontrar culpados. Ela nem precisa falar com o pai sobre essa raiva. É uma coisa antiga, ligada à sua criança interior. E como Hilary agora é adulta, pode ter compaixão por aquela criança interior e, ao mesmo tempo, entender e respeitar as escolhas que seus pais fizeram para ela naquela época.

Como não se prender ao passado

Se você se identificou com a história de Hilary e não se lembra de ter recebido muito afeto na infância, mantenha um diário relatando as emoções mais fortes que vivencia em seus relacionamentos no presente. Pergunte a si mesmo se elas o fazem lembrar-se de episódios do seu passado. Se tiver medo de ficar preso por tais emoções, *conforte a sua criança interior: lembre a ela que agora você é adulto, com habilidades de pessoa madura* que o capacitam a escolher novos caminhos. Como consequência, você não precisa culpar seu passado, mas poderá enxergá-lo sob uma nova luz, como uma era que contribuiu para quem você é agora.

DICA

Para ajudá-lo a seguir em frente, reconheça as decepções que sofreu no passado. Ao mesmo tempo, compreenda que seus pais fizeram o melhor que puderam nas circunstâncias que enfrentaram – ainda que as escolhas deles tenham sido definitivamente diferentes das que você praticaria hoje.

Separando-se de maneira saudável

Uma das coisas mais difíceis de se fazer, quando amadurecemos, é sair dos papéis preestabelecidos de filho e pai; principalmente quando nossos pais insistem em manter essa condição.

A carta de Charley:

Tenho 28 anos e sou filha única. Ainda criança, lembro que meus pais tiveram casos extraconjugais, separaram-se e reataram várias vezes. Quando eu tinha 15, eles renovaram seus votos de casamento e, como já era de se esperar, separaram-se novamente três meses depois. Há dois anos, eles tiveram outra briga e, quando meu pai se mudou de nossa casa, rezei para que fosse para sempre. Agora, ambos me disseram que estão pensando em tentar viver juntos de novo. Comecei a viver minha própria vida, iniciando uma boa carreira e morando em um apartamento próprio, mas me sinto exaurida pelo caos da vida deles. Como fazê-los parar de me usar como intermediária?

Atenciosamente, Charley

Como Charley está descobrindo, separar-se dos pais pode ser extremamente difícil para ambas as partes. Entretanto, essa separação é um processo natural, saudável e essencial.

Os pais de Charley demonstram imaturidade emocional. Eles a usaram como confidente e terapeuta durante muitos anos, sem perceber o quanto isso era inadequado. É uma inversão de papéis no relacionamento entre pais e filhos e confunde a visão de onde se situam os limites. Isso sugere que os pais de Charley têm total falta de respeito, de compreensão e de limites apropriados entre os adultos e os seus próprios filhos.

As repetidas separações seguidas por reconciliações revelam um casal incapaz de se relacionar sem conflitos, sem caos. Algumas pessoas precisam desse tipo de drama em suas vidas para se sentirem vivas. Qualquer coisa menor do que uma tragédia lhes dá a sensação de total monotonia. Elas também costumam precisar de espectadores, ou testemunhas, com quem possam dissecar o drama. Esse "feedback" é a maneira pela qual se sentem em contato com as próprias emoções. Charley tem sido essa espectadora involuntária ao longo dos anos.

A boa notícia é que Charley tem o objetivo de criar alguma estabilidade em sua vida. Isso a impulsiona a mudar as coisas. Essa possível reconciliação sobre a qual os pais falam é a gota d'água; ela chega a seu limite – não será mais sua espectadora ou intermediária.

Essa resolução requer uma autoestima saudável. Charley precisou desenvolver a autovalorização para acreditar que tinha o direito de ter estabilidade na vida. Ela também precisou alcançar a confiança tanto para comunicar a nova maneira de se relacionar com os pais quanto para lidar com quaisquer conflitos ou ameaças de rejeição que pudessem surgir como resultado dessa nova forma de se relacionar.

Em vez de tentar fazer com que os pais ("o Outro") mudassem, nosso foco se voltou para Charley, que mostrou para os pais a conduta que ela gostaria que ambos adotassem. Quando lhes disse que não queria mais servir de intermediária, seu objetivo era reforçar um limite que fora significativamente abandonado na relação dos pais com a filha, ter certa constância.

Charley escreveu para os pais expressando seu amor por eles, mas também sua recusa em continuar a ser envolvida nas decisões que cabem apenas ao casal. A parte mais difícil foi manter-se fiel a essa declaração diante de brigas ou chantagens emocionais posteriores.

Além disso, examinamos como ela poderia agir quando eles tocassem no assunto mais uma vez, já que, sem dúvida, eles tentariam destruir aquele estranho limite imposto pela filha. Charley se sentiu confiante o suficiente para afirmar que esse assunto não estaria aberto a discussões ou mudanças. E isso deveria ser feito, se necessário, de maneira bem explícita, como, por exemplo, desligando o telefone ou se retirando da sala.

Ao construir e manter sua própria fronteira, ela também fez um favor aos pais, obrigando-os a assumir a responsabilidade pelos próprios comportamentos e escolhas. Essa mudança começou quando ela reconheceu que não era mais criança, mas sim um adulto capaz de estabelecer e fazer cumprir escolhas. Dessa forma, Charley pôde começar a assumir responsabilidade pela própria vida, pela própria satisfação.

Como separar-se de maneira saudável de seus pais

Separar-se dos pais é algo natural e saudável e segue um caminho bastante previsível. Primeiro, estamos literalmente ligados às nossas mães através do cordão umbilical. Vivenciamos a intimidade com nossa mãe e o restante da família e, mais tarde, descobrimos coleguinhas para brincar no pátio, na creche e na escola. Depois, na adolescência, começamos a forjar nossa própria identidade em termos de interesses e habilidades. Nós nos sentimos atraídos por outras pessoas e nos apaixonamos.

Mais tarde, já adultos, podemos recuar e reconhecer nossos pais como adultos também. Com um pouco de sorte, a harmonia prevalece.

Se você se identificou com a história de Charley e acha que seus pais o estão oprimindo, sufocando, ou que são carentes, pratique a firmeza lembrando a si mesmo que você tem o direito de viver a sua vida, e não a deles. Identifique o limite que deseja criar para seus pais, como separar o fim de semana para dedicar a si mesmo, ou não ser arrastado para o processo de decisão deles, e esteja alerta para as tentativas deles de varrer essas fronteiras.

DICA

Separe-se saudavelmente de seus pais e abrace o adulto que há em você, assumindo a responsabilidade por suas decisões. Seja delicado e assertivo, o que pode exigir que você explique que, se determinados assuntos inaceitáveis forem levantados, você vai desligar o telefone ou sair da sala. Dessa forma, você muda o padrão ultrapassado de um relacionamento infantil com seus pais.

Predileção paterna

Entender que nossos pais são tão cheios de defeitos quanto nós é algo difícil, pois passamos muito tempo de nossa infância acreditando que eles são perfeitos, sábios, capazes e responsáveis. Quanto mais adultos conhecemos, mais comparamos a maneira como nossos pais funcionam no mundo, percebendo suas imperfeições. Uma das formas mais comuns de ressentimento tem sua origem nas predileções que vivenciamos na infância.

A carta de Jessie:

Durante toda a minha vida, meus pais trataram minha irmã mais nova e a mim de maneira diferente. Minha irmã foi enviada para estudar em um internato caro e eu frequentei a escola local. Minha irmã é esportiva e organizada como meus pais, ao passo que eu sou bagunceira e como mais do que o necessário. Agora descobri que meus pais se sentem tão culpados por esse tratamento diferenciado que fizeram um testamento deixando-me toda a herança da família. Uma parte de mim deseja recusar esse legado quando ele vier. Como fazer meus pais pararem de nos tratar de forma distinta, até mesmo agora que somos adultas?

Atenciosamente, Jessie

A predileção paterna é preconceituosa e destrutiva. É quase um tabu, e raramente é reconhecido – pelo menos pelos próprios pais. Mas os filhos (como explico mais adiante, no Capítulo 5, "Irmãos") estão sempre atentos a qualquer favoritismo.

O filho menos favorecido sente-se diminuído e vazio; e é interessante observar que Jessie afirmou que come em excesso, talvez compensando a falta de atenção ou de aprovação em casa. Por outro lado, o filho favorecido pode se sentir superior por ser visto como o "menino de ouro", embora também se sinta culpado por ter sido o "escolhido". Não importa se você foi o adorado ou o ignorado, sempre haverá dor e desconforto.

Vale a pena lembrar que algum favorecimento é intencional e positivo. Não faz sentido arrastar todos os nossos filhos para o balé, para a competição de matemática ou para as aulas de futebol se os talentos de todos eles não se adaptam a essas atividades. E crianças mais velhas devem ter alguns benefícios, tais como dormir mais tarde ou receber uma mesada maior. Em geral, em meu consultório, quem reclama com veemência quando adulto é o filho que foi *enviado* para a escola; o fato de ser enviado para longe é visto como rejeição, falta de atenção por parte dos pais, falta de carinho físico ou do simples calor da vida no lar. Jessie se voltou para o excesso de comida, como se o alimento preparado pela mãe pudesse compensar o favoritismo demonstrado através do internato caro oferecido à irmã.

Entretanto, agora que os pais estão "transformando em ação" a culpa que sentem, deixando tudo para Jessie, ela não se sente à vontade. Seu medo de que a irmã fique zangada é, talvez, uma herança da raiva que ela mesma sentiu durante a infância, devido ao favoritismo ou a projeção de seus próprios sentimentos. E seu comentário sobre rejeitar a herança revela seu enorme desconforto por ser "a favorecida". Rejeitar a herança pode parecer uma atitude para mostrar sua independência, do tipo "não preciso de ninguém", mas, na verdade, a intensidade do gesto demonstra o quanto seus laços com os pais continuam negativamente emaranhados. É uma atitude defensiva, que revela o quanto ela ainda sente a necessidade de proteger-se das escolhas erradas dos pais.

Trabalhamos no sentido de levantar a autoestima de Jessie para que ela valorizasse a si mesma, seus talentos e interesses, em vez de se voltar para a comida como consolo. Como resultado, Jessie se dedicou mais aos seus hobbies, o que lhe trouxe mais satisfação, sem a necessidade de aprovação ou envolvimento dos pais.

Sobrevivendo à predileção dos pais

Se a história de Jessie lhe soou familiar e você não foi o filho favorecido, chegou a hora de reconhecer suas mágoas e decepções em relação ao tratamento diferente que você e seus irmãos receberam. Procure entender se existe alguma ligação entre suas emoções e seu humor e a forma como você tenta compensar a si mesmo, por exemplo, comendo ou bebendo demais, usando drogas, fazendo compras ou se jogando em relacionamentos inadequados. Dessa forma, você será capaz de perceber se tem tentado compensar o amor e a atenção que acredita não ter recebido de seus pais, mas que viu serem dedicados a um irmão.

DICA

Trabalhe os seus sentimentos de inveja ou abandono em relação a seus irmãos estabelecendo os seus próprios padrões de satisfação e reconhecendo os seus talentos. Lembre-se, não é culpa deles (e nem sua, na verdade) o fato de terem sido favorecidos.

Conflitos não resolvidos

Muitos de nossos atuais conflitos com nossos pais têm origem em nossa decepção por eles não terem sido os pais de nossos sonhos. Quando crianças, muitas pessoas imaginavam que os pais *verdadeiros* – mais gentis, que as amavam incondicionalmente – um dia voltariam e exigiriam que elas fossem devolvidas a eles. Ou fantasiavam sobre fugir de casa. Um motivo pelo qual romances como *Os cinco* continuam populares é o fato de lidarem com as fantasias infantis de que podemos sobreviver alegremente sem nossos pais.

A carta de Rebecca:

Sempre tive um relacionamento difícil com minha mãe, que, embora não trabalhasse fora de casa, era bem distante. Mas agora que tenho minha própria filha, Grace, a situação piorou. Isso porque, apesar de não ter estado ao meu lado quando precisei, minha mãe atualmente faz tudo por Grace, enche-a de presentes e de atenção. Ela também critica minha forma de educar. Passei um tempo hospitalizada devido a uma depressão pós-parto e estou com medo de estar me distanciando de minha filha, porque tenho ciúme da atenção que ela recebe de minha própria mãe. Isso é ridículo! O que fazer para me livrar disso e ter a certeza de não repetir os erros do passado?

Atenciosamente, Rebecca

A situação de Rebecca demonstra como os conflitos não resolvidos do passado podem contaminar nossos relacionamentos do presente. A chegada de Grace ativou reações nas duas mulheres, o que intensificou o conflito, ao invés de reduzi-lo. Muitos pais têm a esperança inconsciente de que, ao se tornarem avós, recebam uma oportunidade de ouro de corrigir seus erros como pais.

Rebecca precisou fazer três coisas ao mesmo tempo: alimentar seu relacionamento com Grace, honrar seu relacionamento consigo mesma e examinar seu relacionamento com a mãe – nessa ordem.

Isso porque, como já ressaltei, nossos problemas de relacionamento sempre revelam muito, tanto sobre *nós* quanto sobre "o Outro". Quando temos coragem de trabalhar nosso interior, ganhamos força emocional e o relacionamento difícil passa a nos incomodar menos, ou nossa maneira de funcionar nessa relação muda. Essa segunda possibilidade acaba, em geral, por eliminar qualquer necessidade de confrontar a pessoa em questão.

Portanto, com a ajuda efetiva do marido, Rebecca se concentrou em ser o que o psicanalista e pediatra Donald Winnicott chamou de "mãe suficientemente boa". Isso envolveu Rebecca cuidar de Grace física e emocionalmente, mantendo o ambiente da criança previsível e seguro, mas também protegendo-a daquelas partes de Rebecca que sentem inveja, que enxergam a filha como rival das atenções da mãe.

Esse lado invejoso de Rebecca pôde ser trabalhado e enfraquecido dentro do consultório. Para tanto, ela precisou olhar para sentimentos relacionados à mãe que estavam enterrados há muito tempo, em especial a decepção por ela não ter sido – e talvez nunca seja – capaz de transmitir mais calor, afirmação e positividade a Rebecca, embora pareça conseguir fazê-lo com Grace.

Isso não excluiu a mãe de Rebecca da situação. O objetivo do processo foi que Rebecca desenvolvesse compaixão por si mesma por não ter recebido afeto e positividade da mãe, mas sem deixar de ter compaixão pela mãe, que foi incapaz, ou não teve vontade, de amá-la incondicionalmente.

Entretanto, há uma primorosa descoberta no final da carta de Rebecca: o seu desejo de não ver os erros do passado repetidos. Só porque determinado comportamento aconteceu no passado não significa, automaticamente, que ele vai se repetir no presente. Rebecca se perguntou se sua própria mãe não seria prisioneira da educação que recebera. Quem sabe ela também não tivera uma mãe distante ou indisponível, fato que a levara a afastar-se da própria filha?

Sendo esse o caso, Rebecca sentiu empatia com a mãe. Quando Rebecca nasceu, sua avó materna já havia morrido e ela jamais conversara com a mãe sobre como ela fora educada. Com frequência, só pensamos em ter esse tipo de conversa com nossos pais quando já é tarde demais.

Focando no presente – e libertando-se do passado

Se a história de Rebecca lhe soou familiar e a sua situação atual está complicando um relacionamento já conturbado, seu foco principal deve ser sua relação com seus filhos ou seu cônjuge. Concentre-se em cuidar deles e, ao mesmo tempo, protegê-los de qualquer impulso negativo de sua parte. Deixe de lado a esperança de que seu pai ou mãe possam ser diferentes do que são. Pense que talvez a pessoa com quem está se relacionando nunca mude. Ela pode ser teimosa, alguém que quer sempre ganhar a discussão, mesmo sabendo que não tem razão. Ou pode simplesmente ter medo de mudar ou ser incapaz de fazê-lo.

DICA

Você precisa decidir o que deseja na vida e dar-se permissão para escolher. Se você não teve pais incentivadores, protetores e afetuosos, cuide-se bem agora. Ofereça a si mesmo encorajamento, compaixão e confiança, o que vai estimular a sua autovalorização.

Pais controladores

Por vezes elegemos o nosso parceiro da vida inteira e a escolha não é bem-aceita por nossos pais.

A carta de Will:

Sempre tive um relacionamento agradável com minha mãe. Quando comecei a namorar Lara, ela parecia aprovar, mas, quando resolvemos morar juntos, minha mãe passou a criticá-la. Confesso que piorei as coisas ao contar tudo para Lara. Então ficamos noivos e minha mãe começou a usar todo tipo de estratégia para negar a existência de Lara. Achamos que ela reagiu assim porque decidimos não ter filhos, e ela há muito tempo anseia por ser avó. Hoje estamos casados e quero que a relação com minha mãe fique cada vez melhor, e não pior. Por favor, me ajude!

Atenciosamente, Will

Will e a mãe têm opiniões diferentes sobre o fato de Lara ser uma "mulher suficientemente boa". Estou tomando emprestada novamente a expressão usada por Donald Winnicott porque, da mesma forma que nenhum marido é perfeito, nenhuma esposa e nenhum casamento o são.

O tom usado no início da carta de Will expressa a sua confusão. Como isso aconteceu? Primeiramente, Lara foi bem recebida, mas, assim que o relacionamento ficou mais firme, a mãe dele começou a mudar de postura. Ela não consegue reconhecer a existência dessa relação; portanto, "manifesta" essa raiva sendo desagradável com a nora.

Will sabe que essa situação vai além dos momentos de transição que toda família enfrenta. Aqui há um fator adicional: a decisão de Will e Lara de não ter filhos. É uma escolha que se opõe à visão da mãe de Will quanto ao próprio futuro.

Ela sente que perdeu o controle da situação, de sua família, de seu futuro. Sua manifestação de desagrado em relação a Lara não expressa apenas sua raiva ou frustração. Pode ser a expressão de uma dor existencial bastante verdadeira.

Entretanto, sua postura a faz correr o risco de causar problemas reais. Ao fazer com que Lara se sinta mal recebida, ao tentar varrer uma das metades do casal, ela corre o risco de afastar o filho também.

Will e a mãe precisaram renegociar o relacionamento, de maneira que Will fosse capaz de demonstrar que era o dono de sua própria vida e de suas escolhas. Ele precisou "destronar" a mãe em sua mente, a mãe que criticava suas escolhas, a mãe que ele tentava afagar mantendo uma relação "agradável". Vimos isso na maneira como Will revelou a Lara as críticas maternas. Incapaz de enfrentá-la, ele passou adiante a informação à sua então namorada, talvez inconscientemente, na esperança de que Lara assumisse a briga.

Mas, desenvolvendo a autoestima, Will mostrou que não cederia diante de comportamentos infantis e inaceitáveis em relação a Lara. Sua postura assertiva demonstrou respeito pela esposa, dando um exemplo para a própria mãe. Quando nossa atitude torna claro para o "Outro" que faremos valer nossas escolhas, lhe damos a chance de adaptar-se e aprender novas formas de relacionar-se conosco, ou distanciar-se por completo.

Separação saudável

Se você se identificou com a história de Will e seus pais acham difícil aceitar o companheiro que você escolheu, trabalhe no sentido de separar-se deles de maneira saudável, em vez de deixar que seu parceiro assuma o papel de vilão. Continue a demonstrar amor, mas pratique o estabelecimento de limites, com possíveis sanções (como não visitá-los) caso eles não se mostrem dispostos a mudar de comportamento. O estabelecimento de limites não precisa gerar confrontos. Em vez disso, deixe bem claro o ponto em questão ("X é minha mulher agora e gostaria que vocês a tratassem com respeito") e reaja de maneira firme quando a questão for ignorada.

DICA

Você precisa reconhecer que seus pais não são os ídolos que você colocou em um pedestal durante a infância. Entenda que vocês podem divergir. Isso vai ajudá-lo a se sentir mais à vontade para demonstrar que sua fidelidade agora é com o seu parceiro.

Medo da desaprovação

Desde a infância aprendemos que sofrer desaprovação é algo desconfortável. Quando nos tornamos adultos precisamos enxergar claramente se essa desaprovação é explícita ou suposta, ou mesmo se ela é a nossa própria desaprovação que se voltou contra nós mesmos.

A carta de Bea:

Estou apavorada por ter de confessar à minha mãe, já idosa, que sou homossexual. Fui casada durante dois longos anos. Um casamento desastroso, no qual eu me sentia extremamente infeliz – reconheço que por minha culpa, por ter sido tão desonesta a ponto de me unir a um homem. Levava uma vida secreta até conhecer uma mulher maravilhosa. Estamos juntas há quase três anos e planejamos uma cerimônia de união civil. Adoraria que minha mãe comparecesse, mas ela é uma pessoa "tradicional" e morro de medo de que ela me rejeite. Por favor, me ajude; não quero perder minha mãe, mas desta vez desejo muito ser honesta.

Atenciosamente, Bea

Na verdade, duas razões levam Bea a sentir pavor de ser rejeitada pela mãe: o medo da reprovação pelo fato de ser homossexual e a culpa de ser *totalmente* responsável pelo fracasso de seu casamento.

Em primeiro lugar, essa sensação de culpa precisa ser questionada. Como explorarei mais adiante, no Capítulo 4 ("Companheiros"), ambas as partes contribuem para um relacionamento a dois dar certo ou não. Para cada membro de um casal que ainda não "saiu do armário", há outro que continua a fechar os olhos ou a suprir diferentes necessidades, permitindo que a relação prossiga.

É claro que a mãe de Bea pode não reagir bem à notícia. Afinal, ela não apenas vai revelar a sua sexualidade, como também já está em um relacionamento amoroso. Tendo testemunhado o casamento infeliz da filha e sentindo-se, provavelmente, muito triste com a situação, é possível que a revelação de que Bea finalmente encontrou a felicidade possa deixar a mãe satisfeita. Ou, no mínimo, dar a ela o alívio que os pais costumam sentir quando veem os filhos "estabilizados".

Trabalhar a ansiedade de Bea é vital, preparando-a cuidadosamente para a conversa que pretende ter com a mãe. Muitas vezes, faço com meus pacientes o que chamamos de técnica da "cadeira vazia", que, como o nome diz, consiste em conversar com uma cadeira onde não há ninguém. Dessa maneira, livres de pressões, praticamos como expressar em voz alta os pensamentos, as crenças, as mágoas ou os sonhos que nos perseguem, muitas vezes por anos a fio. E a "cadeira" jamais interrompe, perde a paciência ou retruca.

Bea não pode ter certeza de como a mãe vai reagir. Até as pessoas que conhecemos há muito tempo podem nos surpreender. Mesmo assim, o trabalho de Bea deve centrar-se em explorar o seu conflito (entre assumir sua homossexualidade para a mãe e não querer perdê-la) até que ele deixe de ser um conflito e um caminho mais claro apareça diante de seus olhos. Ela quer muito que a mãe esteja na cerimônia de união civil, mas também espera que a conversa seja terapêutica. Após tantas mentiras, Bea busca viver com mais autenticidade.

Preparando-se para uma conversa embaraçosa

Se você se identificou com a história de Bea e tem coisas a dizer a seus pais que teme que eles não gostem ou desaprovem, talvez seja interessante usar o processo da "cadeira vazia".

Ele pode ser feito em casa, em um espaço tranquilo, onde não haja a probabilidade de ser interrompido ou de você se sentir envergonhado. Afinal, você está falando com uma simples cadeira. Assuma a responsabilidade pelo que quer dizer e analise quaisquer conflitos por todos os ângulos, para que um caminho mais claro possa surgir. Isso vai ajudá-lo a se sentir mais confiante.

É como um ensaio. Se você estivesse se preparando para uma audição ou uma apresentação importante no trabalho, não acharia nada de mais praticar em voz alta. Algumas vezes, essas conversas requerem um nível semelhante de preparação. O importante é que estamos assumindo a responsabilidade pessoal por nossa comunicação, admitindo o que desejamos dizer.

DICA

Entenda que ser verdadeiro consigo mesmo significa que o que você disser pode ser bem recebido, mas que, algumas vezes, pode não ser. Você não pode controlar como o Outro vai reagir. O que você pode controlar é o fato de ser verdadeiro com os seus sentimentos.

Comunicação eficiente

Viver com autenticidade não pressupõe momentos embaraçosos; apenas nos faz perceber que uma comunicação eficiente é a chave para a maioria dos dilemas de relacionamento.

A carta de Caryl:

Tenho 31 anos. No ano passado minha mãe teve câncer e, graças a Deus, sobreviveu. Mas no decorrer de toda a situação pude perceber que não tenho mais nenhum relacio-

namento com meu pai. Quando eu era jovem, minha mãe dizia que eu era a "filhinha do papai". Acho que ela se ressentia de nossa proximidade e, em pouco tempo, eu e meu pai começamos a nos afastar. Converso muito com minha mãe, temos o mesmo senso de humor e adoramos moda, mas com meu pai eu nem saberia por onde começar. Meus amigos dizem que estou enxergando um problema onde não existe, mas sinto que algo está faltando. Será que tenho razão em me preocupar?

Atenciosamente, Caryl

Não é uma questão de ter razão ou não, embora a maneira como Caryl se expressa passe a ideia de que está pedindo permissão para aproximar-se mais do pai. Talvez pelo fato de no passado a mãe ter se ressentido dessa intimidade, Caryl pode ter dito a si mesma que amizade entre pai e filha é algo inaceitável ou inatingível.

Caryl precisava tomar a iniciativa, construir uma ponte entre ela e o pai. Temendo não conhecer mais seus gostos e convencida de que não teriam interesse pelas mesmas coisas, Caryl ficou hesitante. Por fim, decidiu criar oportunidades para passar algum tempo sozinha com ele, para que conversassem e ela descobrisse mais sobre a vida dele. Fazer perguntas demonstra que estamos interessados em uma pessoa e que queremos conhecê-la melhor.

Num primeiro momento, ainda se acostumando um ao outro, as conversas entre pai e filha eram um tanto constrangedoras; e a mãe sempre queria saber sobre que assuntos eles haviam falado. Caryl disse que, no início, sentia-se como se estivesse traindo a proximidade que tinha com a mãe, mas, com o passar do tempo, entendeu que *havia amor suficiente para ser dedicado a ambos os pais.*

Mas algo mudou quando, durante uma caminhada, Caryl mencionou uma questão de trabalho. Ela deveria escolher entre continuar em seu bem remunerado emprego ou aceitar uma oferta mais estimulante, mas com um salário menor. De repente, o pai começou a contar a ela algumas de suas próprias decisões de trabalho, quando era mais jovem. Isso os levou a discutir algumas das grandes questões que todos nós enfrentamos na vida, e, quando se deram conta, estavam rindo e trocando ideias sobre os mais variados assuntos.

"Sou muito mais parecida com ele do que ousaria imaginar", disse Caryl. "Ele até se abriu um pouco, contando como se sentiu quando mamãe estava doente. Na época, ele não disse nada porque não queria que sua 'menininha' soubesse o quanto ele estava amedrontado. Mas quando ele conheceu a adulta em mim, ou melhor, quando eu lhe mostrei a mulher adulta em mim, sentiu-se aliviado por descobrir que sou crescida o bastante para saber que ele é vulnerável. Estou *tão* feliz por ter tomado a iniciativa de reservar um tempo para nós dois!"

Construindo pontes

Se a história de Caryl lhe pareceu familiar e você tem um pai ou mãe com quem gostaria de ter um relacionamento mais próximo, comece a construir uma ponte entre vocês, fazendo perguntas e demonstrando interesse. E lembre-se de que seus pais, assim como você, são seres humanos imperfeitos, com fragilidades e vulnerabilidades, muito embora a sua criança interior queira que eles se mantenham fortes e infalíveis.

Algumas vezes, pais do sexo oposto temem manter um relacionamento íntimo com os filhos quando eles ficam mais velhos. Receiam a crescente vigilância hipersexual da sociedade, quando um simples abraço pode ser mal interpretado. Corremos o sério risco de perder a intimidade nas famílias. Portanto, demonstre afeto por seus pais dizendo-lhes certas palavras ou oferecendo-lhes um abraço. Esse pode ser um comportamento pouco usual em sua família, mas, ao tomar essa iniciativa, você pode obter a intimidade pela qual anseia.

DICA

Demonstre, conscientemente, afeição e ternura por seus pais. Envie-lhes cartões ou mensagens escritas à mão ou beije-os quando se encontrarem.

Autossabotagem

Quando nos tornamos adultos, caminhar com nossos próprios pés pode ser assustador. E, algumas vezes, nos sabotamos fazendo o jogo da culpa, repetindo padrões antigos e responsabilizando nossos pais por acontecimentos do passado que nos impedem de seguir em frente.

A carta de Rina:

Tenho 37 anos e sou o bebê da família. Sempre sofri de falta de confiança e, olhando para o passado, culpo minha família por me criticar constantemente. Meus irmãos mais velhos são extrovertidos e, mesmo quando crianças, eram capazes de discutir assuntos importantes durante as refeições, ao passo que eu brigava na escola contra a dislexia, além de nunca ter tido um emprego estável. Até hoje, sinto que preciso lutar para ser ouvida. Como fazer com que minha família me trate de outra forma?

Atenciosamente, Rina

É sempre útil procurarmos padrões em nosso comportamento para examinar que possíveis motivos nos levam a empacar na vida. Trata-se da eterna discussão sobre o que mais influencia o desenvolvimento infantil – se é a nossa natureza, a educação que recebemos ou uma mistura de ambos. Em outras palavras, quão importantes são nossos pais nessa equação? Pesquisas recentes mostram que, quando crianças, somos tão influenciados por nossos irmãos, primos e colegas de turma quanto por nossos pais.

Somos criaturas altamente imitadoras. Aprendemos muitas de nossas habilidades de vida ainda na infância, copiando o que os adultos fazem. Se nossos pais são pessoas críticas, por exemplo, podemos nos tornar autocríticos.

Fiquei pensando no uso que Rina fez da expressão "bebê da família". Soa como algo que restou da infância. No presente, Rina está revivendo batalhas daquela época sobre satisfazer suas necessidades, como, por exemplo, ser ouvida durante o almoço de domingo ou não ser criticada. Reviver isso lhe dá a "desculpa" para não viver bem o resto de sua vida.

Meu desafio para Rina foi o de observar o quanto de si mesma se esconde por trás dessas velhas batalhas, dessas mágoas. Quão diferente poderia ser sua vida se tudo isso acabasse, se ela parasse de tentar receber atenção positiva da família?

Sugeri que ela se perguntasse por que ainda ansiava por ser ouvida nos almoços de domingo, por pessoas de quem ela não gostava muito. Ou que questionasse a si mesma se existia algum elemento de autodestruição no fato de não encontrar "o emprego certo". Questionar a si mesma significava reescrever o roteiro da família. Isso era amedrontador, levava a um território desconhecido. Se Rina conseguisse um emprego, ela se tornaria visível – incapaz de se esconder. Algumas vezes, aquilo que mais queremos é exatamente o que mais tememos conseguir.

Como evitar repetir os padrões do passado

Qualquer pessoa que tenha retornado, já adulta, ao seio da família para algum evento, como uma festa de casamento ou Natal, sabe como é fácil escorregar e cair nos velhos padrões destrutivos de relacionamento, quando conflitos e mágoas destroem a fantasia. Se você se identificou com a história de Rina e se sente preso a antigos ressentimentos, o segredo para fazer com que sua família o trate de maneira diferente é começar a modificar o seu comportamento. Benjamin Franklin uma vez disse que a definição de insanidade é fazer a mesma coisa inúmeras vezes e esperar resultados diferentes. Procure oferecer a si mesmo afirmações positivas diárias, para que não precise mais recebê-las dos outros, o que o ajudará a acreditar que você tem o poder de mudar as coisas.

DICA

Identifique o seu objetivo em sua família; então, desafie-se a "reescrever o roteiro familiar" sobre você comportando-se, por exemplo, de maneira exatamente oposta à que seus parentes esperam.

Juntos e separados

Com o passar do tempo, entretanto, a situação se inverte e nossos pais ficam mais velhos e vulneráveis. Eles podem acabar dependendo completamente dos filhos, e nem todos nós estamos preparados para essa mudança de papéis.

A carta de Susie:

Há dois anos, meu pai, que era vigário, morreu depois de uma longa doença. Minha mãe, como esposa do vigá-

rio, passou anos sendo profissionalmente "gentil" e, no meu ponto de vista, nunca enfrentou suas emoções negativas. Em vez disso, ela se tornou carente e insensível em relação a mim. Tenho 39 anos e não sou casada e, embora me sinta tremendamente culpada por dizer isso, quero criar um distanciamento entre nós, talvez até encontrar um companheiro para mim. Como posso separar-me dela sem que ela se sinta abandonada outra vez?

Atenciosamente, Susie

Todos os relacionamentos são um delicado equilíbrio entre união e individuação. Eu analiso esse equilíbrio com mais cuidado no Capítulo 4 ("Companheiros"), mas o mesmo se aplica ao nosso relacionamento com amigos, irmãos e pais. Se um lado se torna carente demais, espera-se que o outro contenha ou controle as suas ansiedades.

A disfunção emocional da mãe está deixando Susie abatida. Ela também teme que isso a esteja impedindo de viver a própria vida. Inconscientemente, essa pode ser uma desculpa semelhante à que Rina usou, e Susie talvez esteja atribuindo à mãe a culpa por estar solteira. Mas a realidade da crença de Susie também precisa ser reconhecida. Talvez seja hora de ambas clamarem pela própria independência. Susie foi apenas a primeira a sentir-se incomodada com a situação.

Uma boa maneira de fazer com que as pessoas respeitem nossa privacidade é nos tornarmos menos disponíveis. Primeiramente, sugiro que Susie separe um tempo maior para si mesma. Isso poderia incluir tirar uns dias de descanso, assumir novas responsabilidades no trabalho ou começar a se dedicar a algum hobby. Essa postura tem o efeito de lhe dar a oportunidade de conhecer gente nova, o que poderia fazer maravilhas por sua vida amorosa.

Entretanto, essa mudança de comportamento tende a afetar a mãe de Susie, já que sua única estrutura de apoio será mudada. Portanto, Susie também pode dar à mãe um empurrão na direção da independência. Ela pode sugerir que a mãe consulte um profissional que a ajude a processar as emoções não apenas ligadas à morte do marido, mas também aos sacrifícios que ela se viu obrigada a fazer por ser a mulher de um vigário. Entretanto, isso tudo terá de ser tratado com muita delicadeza. As críticas que ela faz a Susie e aos demais revelam uma grande dificuldade de demonstrar seus sentimentos.

Além de buscar uma terapia, Susie poderia ajudar a mãe a procurar atividades como clubes de leitura, grupos sociais ou mesmo algum trabalho voluntário – qualquer coisa que preencha a vida dela com novas energias. Essas atividades, e talvez até mesmo novas amizades, criariam uma separação saudável entre mãe e filha, libertando Susie da pressão que sente sobre si. E lhe daria espaço para respirar (ou tiraria dela a desculpa para não fazê-lo) e concentrar-se naquilo que ela deseja realizar na vida.

Criando um relacionamento mais equilibrado

Se você se identificou com a história de Susie e está lutando com seu pai ou mãe que, por algum motivo, não consegue parar de usá-lo como uma muleta, estabeleça os seus objetivos de longo e de curto prazo e então, proativamente, comece a buscá-los. Você pode anotá-los em um diário para não esquecê-los e nem ter motivos para protelar o plano de obter uma vida mais gratificante. Ao mesmo tempo, você precisa tomar consciência de que o seu afastamento, por mais gradual que seja, deixará seu pai ou mãe mais expostos; portanto, estimule-os a se tornarem mais independentes oferecendo algumas sugestões.

DICA

Estabeleça e mantenha limites para ficar menos disponível para um pai carente. Você pode estabelecer, por exemplo, um dia por semana que seja apenas seu.

Quando os pais voltam a se casar

À medida que nossos pais envelhecem, a dinâmica familiar sofre alterações; isso acontece até mesmo nas famílias mais estruturadas. O passar dos anos afeta todos nós, lembrando-nos (mesmo que de forma inconsciente) de nossa própria mortalidade. Isso pode acrescentar mais complicações ao relacionamento entre pais e filhos.

A carta de Hayley:

Após padecer de uma longa doença, minha mãe morreu quando minha irmã e eu tínhamos vinte e poucos anos. Dois anos depois, meu pai casou-se novamente. No início, fiquei satisfeita por ele ter uma nova chance de ser feliz; mas minha madrasta, Mara, revelou-se supercontroladora. A situação ficou insustentável, há alguns anos, quando ela tentou atrapalhar os planos de casamento de minha irmã. Hoje, tenho trinta e poucos anos e meus próprios filhos. Não passo o Natal com meu pai há cinco anos, pois meus convites para que eles venham à nossa casa são rejeitados por Mara. Como fazer com que meu pai enfrente a segunda esposa?

Atenciosamente, Hayley

A mudança na composição familiar, com a formação de novas famílias após um segundo ou mais casamentos, pode gerar tensão entre pais e filhos. Embora eu analise essa questão mais profundamente no Capítulo 5 ("Irmãos") e no Capítulo 7 ("Filhos"), vale a pena ressaltar que muitos filhos – de todas as idades – podem ficar abalados diante da criação dessa nova unidade familiar. Para cada paciente que recebi cuja vida foi enriquecida pela presença de um padrasto ou madrasta, há outros tantos que lutam para se adaptar aos recém-incorporados ao clã.

Hayley hoje está casada, tem filhas e mora do outro lado do país, devido ao trabalho do marido. Sua nova família híbrida teve origem em circunstâncias lamentáveis (a morte da mãe) e, agora, ela sente que também perdeu o pai. Ele é um empresário bem-sucedido, que sempre lutou para obter os melhores resultados em seu trabalho, e Hayley e a irmã ficam magoadas por ele não demonstrar essa mesma força e empenho em relação às filhas e netas, exigindo que a esposa as trate com mais consideração.

Mesmo quando adultos, desejamos sentir o calor da família. Entender que nossos pais são falíveis ou imperfeitos é difícil. O pai de Hayley demonstrou que pode ser emocionalmente fraco. Mara é a parte dominadora do casal e seus desejos prevalecem. Quando ela recusa os convites de Hayley para passar o Natal em sua casa, todos saem perdendo.

Em nosso trabalho juntas, Hayley explorou sua dor diante dessa segunda perda e sua decepção por não ter o apoio do pai. Ela também imaginou, e representou, uma possível conversa com o pai, na qual expressava emoções que seriam, possivelmente, desagradáveis para ele.

Mas, acima de tudo, nosso trabalho visou processar o desalento e desorientação, agora que o pai caiu do pedestal no qual Hayley e a irmã, um dia, na infância, o colocaram. Elas apoiam uma à outra e têm o amor de seus respectivos maridos e filhos.

Elas não podem mudar o fato de que a mãe morreu e o pai se casou com Mara – e nem podem modificar Mara. Entretanto, podem começar a se concentrar nas pessoas com quem é possível contar em suas vidas – inclusive nas lembranças afetuosas da mãe – e trabalhar no sentido de aceitar a madrasta como ela é.

Sobrevivendo ao segundo casamento dos pais

Se você se identificou com a história de Hayley e o segundo casamento de um de seus pais complicou o relacionamento entre vocês, dedique um tempo para reconhecer sua própria tristeza e mágoa. Encontre maneiras de confortar a si mesmo, como, por exemplo, fazendo exercícios ou tomando um longo banho de espuma, o que vai lhe mostrar que você é capaz de cuidar de si quando seu pai ou sua mãe não estão disponíveis. Compreenda que você não pode mudar as pessoas, pode apenas mudar a sua atitude em relação a elas.

Aceitar não significa aprovar ou gostar. Tem a ver com reconhecer que alguém pode nunca se modificar. Permita-se decidir quanta interação você deseja ter com essa pessoa que não pode ou não deseja mudar. Lembre-se de que tem o direito de se afastar caso essa pessoa crie um ambiente ruim ou aja de forma a magoar você e as pessoas a quem você ama.

DICA

Liberte-se do pensamento de que seu pai ou mãe poderiam ter sido diferentes do que foram. Preencha a sua vida com pessoas que lhe tragam boas energias, em vez de ficar se amargurando sobre as que não querem ou não podem trazê-las.

Agradecimentos pelas lembranças

Nosso relacionamento com nossos pais na infância por vezes nos "assombra" até a idade adulta. Desconstruir nossas experiências passadas para compreender nosso comportamento presente é mais do que uma ferramenta terapêutica clássica: é uma maneira amplamente reconhecida de funcionar, ou melhorar nosso funcionamento, no mundo. Você não precisa consultar um terapeuta para examinar o seu passado. Reconhecer os episódios que ocorreram e, principalmente, admitir seus sentimentos em relação ao que passou lhe dá a oportunidade de fazer uma descoberta crucial sobre como você vive hoje e as mudanças que deseja realizar.

Mas existe o perigo – e falo como alguém que sempre defende, na mídia, a terapia através da conversa – de ficarmos presos no jogo da culpa, em vez de assumirmos a responsabilidade por nossas próprias vidas, nossos erros e nosso futuro. Os pais desempenham um papel imensamente significativo em nossas vidas, mas devemos tomar cuidado para não dar a eles um poder excessivo de influenciar as pessoas que somos hoje ou que queremos nos tornar.

CAPÍTULO 3

Amigos íntimos

Um amigo íntimo é alguém com quem sempre podemos contar quando nos sentimos tristes, aquele que gosta de nossa companhia, que é capaz de celebrar nossas conquistas, nossos triunfos e que nos ouve com compreensão quando nosso mundo sai dos trilhos. Em um mundo ideal, ele sabe de tudo a nosso respeito e é uma fonte confiável de apoio. A ideia de que esse amigo nos conhece desde criança só faz aumentar a noção sedutora de que podemos ser conhecidos completamente e, mesmo assim, amados.

Isso explica por que, quando as amizades não dão certo, nos sentimos tão enlutados. Vemos um amigo como alguém que testemunha a nossa vida de uma forma muitas vezes mais intensa do que os membros de nossa própria família. E como, diferentemente de nossas famílias, podemos escolher nossos amigos, aumenta a sensação de que eles são pessoas que desejamos, verdadeiramente, ter em nossas vidas. Eis por que perdê-los pode ser devastador.

Sentindo-se derrotado

A chave para a satisfação nos relacionamentos está em não sermos definidos por uma única relação. Assim, um término não precisa ser tão devastador.

A carta de Nicola:

Meu salário não é muito bom. Mas, recentemente, apareceu o emprego que me pareceu ideal, para o qual estou bem qualificada, e eu me candidatei. Acabei mencionando o assunto para Cass, minha melhor amiga, que disse que seria um excelente emprego para seu marido, Colin. Não dei muita atenção ao comentário, mas, três meses depois, Colin conseguiu o emprego. Estou consternada não apenas pela perda de um grande passo na carreira e de um aumento de renda, mas porque me sinto completamente traída por Cass. Ela e Colin foram sempre gentis e generosos comigo, estamos sempre juntos e confiamos tanto uns nos outros que já fiquei responsável pela casa deles. Mas essa situação me deixou destruída. O que posso dizer?

Atenciosamente, Nicola

Quando estamos preocupados, é comum pedir apoio ou conselhos aos nossos melhores amigos; por isso é muito perturbador que esses mesmos amigos acabem sendo a causa de nossa angústia. A sensação de destruição experimentada por Nicola deve-se a um duplo golpe, pois a pessoa que ela procuraria para consolar-se por não conseguir o emprego é parcialmente responsável por seu sofrimento.

Nicola precisa, em primeiro lugar, reconhecer os próprios sentimentos, uma mistura de traição e de enorme decepção por não conseguir o emprego. Ela também sente raiva de si mesma por ter comentado com Cass sobre o tal emprego, embora jamais pudesse imaginar o que a amiga faria com aquela informação. Muitas pessoas colocam a confiança no topo da lista dos atributos de um bom amigo e ficam chocadas ao pensar que eles tornariam pública uma confidência que lhes tenha sido feita.

Na prática, Nicola e eu analisamos a realidade da situação. Não havia nenhuma garantia de que ela conseguiria o emprego, embora tivesse todas as qualificações. Também é importante para Nicola trabalhar no sentido de aumentar a autoestima. Não conseguir o emprego foi um golpe, mas o que determina a nossa saúde mental é a maneira como reagimos aos reveses da vida.

Ao mesmo tempo, a amizade de Nicole e Cass ficou abalada e é possível que Cass nem tenha consciência disso. Também é possível que ela esteja *extremamente* consciente disso e esteja se sentindo culpada. Seja como for, essas duas mulheres precisam conversar de maneira franca sobre o que aconteceu. Nicola precisa admitir sua decepção, não por Colin ter conseguido o emprego, mas por Cass ter usado sua informação em benefício do marido. É um momento no qual Nicola terá elementos para perceber que, em algum nível, a lealdade de Cass é (como já era de se esperar) maior para com o marido do que para com a amiga. E esse é um doloroso dilema que muitas amizades enfrentam. Quantos, no lugar de Cass, teriam feito o mesmo?

As amizades podem sobreviver a esses golpes, mas é preciso honestidade para lidar com o que acontecer. Por exemplo, se Nicola apenas disser que está feliz por Colin ter conseguido o emprego, ela não apenas estará negando sua própria verdade, como também carregará ressentimentos sem lidar com eles. Sem se dar conta, ela pode começar a se aborrecer com tudo o que Cass e Colin fizerem, zangando-se com eles sem nenhum motivo aparente. Na verdade, o motivo será o ressentimento guardado.

A comunicação não precisa ser de confronto; Nicola só precisa declarar com tranquilidade a sua decepção por Cass ter usado suas informações sobre uma oportunidade de emprego em seu próprio benefício. A maioria das pessoas seria compreensiva sobre uma situação dessas, embora Nicola precise ficar alerta para perceber se Cass se sente culpada e se coloca na defensiva.

Esse é também o momento para Nicola decidir se depende demais de apenas uma amiga. É possível dizer que Cass luta pelos interesses de Nicola?

Desenvolvendo a resiliência emocional

O ponto crucial não é se a outra pessoa luta pelos seus interesses, mas se você própria luta por eles. Desenvolver a resiliência emocional requer prática, mas significa ter mais capacidade de lidar com as decepções. Não tem a ver com você ter milhões de amigos para o caso de algum o desapontar, mas com desenvolver força emocional suficiente para que o seu mundo não desabe se as pessoas o decepcionarem ou o deixarem na mão.

Se você se identificou com a história de Nicola e desiludiu-se com um amigo que o deixou na mão ou comportou-se de maneira egoísta, assuma a sua dor por essa desilusão. Se você perder algo, é importante reconhecer a perda e a tristeza geradas por esse fato. Isso não muda o que aconteceu, mas significa que você respeita suas próprias emoções e não as reprime. Seja o mais honesto que puder com seu amigo e tenha cuidado para não colocar todos os seus ovos de amizade numa única cesta.

DICA

Use as decepções como um estímulo para ser mais bem-sucedido na próxima vez.

Amigos tóxicos

Nem todas as amizades são abaladas por causa de um acontecimento ou um desentendimento específico. Algumas vezes o problema nos afeta sem que possamos perceber. Um amigo tóxico é alguém que desperta o que há de pior em nós ou que nos exaure mental ou fisicamente.

A carta de Emma:

Eu e Jô nos conhecemos há 20 anos e temos um relacionamento competitivo. Se eu desejo me encontrar com ela, o planejamento é tão complicado (porque ela está sempre tão terrivelmente ocupada...) que acabo me sentindo desesperada e carente. Quando, afinal, nos encontramos, a noite é sempre divertida e adoro todas as histórias que compartilhamos. Mas depois Jô se recolhe outra vez, não retorna os meus telefonemas e não cumpre as promessas feitas quando saímos. Ela é bem rápida em me avisar quando não estou lhe dando atenção, mas, há pouco tempo, quando precisei de sua ajuda, ela me ignorou completamente. Devo desistir dessa amizade?

Atenciosamente, Emma

Emma e Jô se conheceram na universidade e ambas se sentem felizes por uma estar na vida da outra há tanto tempo. Elas consideram essa relação um grande feito; como se o fato de ter uma amizade tão duradoura fosse um símbolo do quanto elas são amadas, demonstrando, apesar de suas fraquezas, seu valor como seres humanos. Mas, na verdade, esse parece um relacionamento que já passou da validade.

Emma levou muito tempo para perceber que sua amizade com Jô é tóxica. Uma amizade tóxica é aquela que desperta o que há de pior em nós, em que nos sentimos, com frequência, arrastados por um traço de personalidade desagradável da outra pessoa (diferentemente daqueles períodos nos quais uma das partes está tendo um dia ruim ou mesmo uma crise). Com suas críticas e seu descaso, um amigo tóxico fica cozinhando a inveja e a mágoa em fogo brando.

Isso me lembra de um paciente chamado James. Quando James conseguiu que seu primeiro artigo fosse publicado em um jornal dominical, Angus, seu amigo de muitos anos, só conseguiu dizer: "Ah, sei. Eu nunca leio esse jornal." Avaliar nossos amigos implica perceber quando a energia deles não está equilibrada. Precisamos nos perguntar: *Essa amizade me inspira ou me desestimula?*

Como eu já disse, explorar uma relação disfuncional vai nos dizer tanto sobre nós mesmos quanto sobre a outra pessoa. Emma começou a ver na "indisponibilidade" de Jô um eco da maneira ambivalente com que sua mãe a educou. A mãe de Emma sofrera de depressão pós-parto. Quando criança, Emma aprendeu que precisava se esforçar muito para conseguir a atenção maternal de que necessitava. Como resultado, Emma sofreu durante anos por causa do estilo de Jô de receber e nunca dar, mas suportou-o, tentando fazer-se digna da atenção dela. Emma sentia que precisava se esforçar em um relacionamento para que ele tivesse algum significado.

Infelizmente, quando Emma sofreu uma crise, ela procurou apoio na amiga, que lhe virou as costas. Foi um momento difícil, mas uma oportunidade para Emma enxergar o comportamento de Jô sob uma ótica mais realista.

Ao liberar-se de Jô, Emma conseguiu ter mais energia emocional para lidar com sua crise e aproximar-se de pessoas com quem poderia desenvolver uma amizade recíproca e recompensadora. E agora ela está muito mais alerta aos amigos que não podem ser incomodados. Emma trabalhou duro para valorizar a si mesma, e agora prefere estar cercada por aqueles que lhe dão a devida importância.

Tendo coragem de ir embora

Se você se identificou com a história de Emma e tem um amigo que compete com você ou que exige muito mais do que está disposto a oferecer, pergunte a si mesmo, com toda honestidade, se essa relação desperta o melhor ou o pior em você. E avalie se vale a pena manter essa amizade.

Entenda que todos nós temos dificuldades para nos afastar de alguém muito íntimo. Dedique um tempo para valorizar-se, para que seja capaz de se desapegar de amigos que não o tratam com o respeito que você merece. Isso vai liberar sua energia emocional e deixá-lo disponível para reconhecer aqueles com quem você pode contar de verdade.

DICA

Não se esqueça de que um amigo de verdade não está ao seu lado apenas nos bons momentos, mas também nos momentos ruins.

Lealdade testada

Uma característica que os amigos próximos mais valorizam é a lealdade. Com frequência, essas amizades ficam abaladas quando um dos lados sente que sua lealdade foi testada.

A carta de Stephen:

Alguns meses atrás, fiquei desesperado ao descobrir que minha mulher, com quem eu estava casado havia quatro anos, estava tendo um caso. (Já entramos em acordo para a nossa separação.) Depois de alguns dias lambendo minhas feridas, abri meu coração para meu grande amigo Mike.

Quando expliquei que estava distante ultimamente devido à traição, percebi que Mike foi ficando pouco à vontade. E acabou confessando que ele e alguns de nossos amigos já suspeitavam da traição de minha mulher, mas não haviam dito nada. Agora sinto-me traído duas vezes, por minha mulher e por um amigo que eu pensei que seria sempre leal. Não sei como lidar com essa situação, uma vez que sinto que perdi tudo.

Atenciosamente, Stephen

O problema com o conceito de lealdade é que ele tem significados diferentes para cada pessoa. Alguns acham, como Stephen, que lealdade é avisar ao seu melhor amigo quando alguma coisa não está certa. Outros podem pensar que a coisa certa a fazer é proteger o amigo da dor, esperando até ter certeza dos fatos, ou até mesmo não se envolver em assuntos conjugais. Até a escolha das palavras pode revelar diferentes perspectivas: o que para uns é ajuda, para outros é intromissão.

Stephen e eu analisamos essa sensação de traição e como ela o fazia sentir-se. Ele parecia mais chateado com o comportamento de Mike do que com o da própria mulher. Para Stephen, o silêncio de Mike foi a cereja do bolo. Na verdade, ele estava tão furioso com o amigo que lhe disse que, se era assim que ele tratava os amigos, a amizade chegara ao fim.

O relacionamento de Stephen e Mike foi o dano colateral do fim de seu casamento. Esse colapso conjugal provocou em Stephen um sentimento de impotência e vergonha. Hoje, sua ex-mulher mora com o amante em uma cidade diferente, e eles só se falam através dos advogados. Ela está, portanto, fora do alcance da raiva de Stephen. Entretanto, Stephen conseguiu um novo alvo a quem ferir. Ao ficar zangado com Mike e ameaçar pôr fim à amizade, ele pode, sem perceber, sentir que recuperou o poder que perdera quando a mulher o deixou. Stephen tem raiva da mulher, do rival desconhecido, até de si mesmo e de como ele pode ter contribuído para a destruição do casamento. Mas dirigiu toda a sua fúria para Mike.

Analisamos a situação para saber se os sentimentos de Stephen em relação ao amigo eram justificados. Stephen ficou extremamente decepcionado porque, se ele próprio estivesse no lugar de Mike, a lealdade à amizade o teria levado a dizer alguma coisa. E para que ambos compreendam o desenrolar de toda essa situação é preciso que *se comuniquem.*

Stephen levou várias semanas preparando-se psicologicamente para telefonar para Mike, e, para sua surpresa, Mike ficou feliz por poder se encontrar com ele. Depois de algumas cervejas, Stephen revelou o quanto ficara magoado com o que ele considerara deslealdade de Mike. Mas Mike também estava magoado, porque não tivera intenção de ferir o amigo. Ao contrário, ele tentara convencer a si mesmo de que contar sobre a traição seria errado. Quando criança, os pais de Mike se separaram porque sua mãe acreditara, erroneamente, que o marido lhe fora infiel repetidas vezes. Hoje, Mike percebe que rumores sobre discordâncias conjugais no presente trazem à tona lembranças desconfortáveis de quando ele era uma criança indefesa. Ele tomara a decisão de não falar por acreditar que não caberia a ele interferir.

As experiências de vida desses dois homens entraram em conflito de tal maneira que eles quase destruíram sua amizade. Stephen achava que a lealdade deveria ser uma constante, independente das circunstâncias; Mike concordou com isso em teoria, mas sentiu que esse episódio tocara em algo doloroso de seu passado. Após uma conversa franca eles revelaram suas vulnerabilidades, e isso os aproximou ainda mais.

Compartilhando valores

Se a história de Stephen lhe soou familiar e você acredita que um amigo o decepcionou, pergunte a si mesmo se está descontando nele as suas emoções em relação a outras pessoas ou a um problema em sua vida. Faça uma lista dos valores mais importantes para você em uma amizade e, em seguida, converse com seu amigo sobre os valores dele, para ver em que pontos eles coincidem – e em que pontos não.

Ninguém se dá o trabalho de estabelecer regras básicas para as amizades. Só no jardim de infância nos aproximamos das pessoas e dizemos "você é meu amigo". Em geral, fazemos amizades à medida que vamos vivendo. Conhecendo seus próprios códigos e regras internos, você pode analisar melhor se os códigos e regras de seus amigos são compatíveis com os seus – e, caso não sejam, se isso é importante.

DICA

Tente ter compaixão pelo seu amigo que é tão humano e falível quanto você, procurando não se abalar emocionalmente se descobrir que os valores dele são diferentes dos seus.

O Perseguidor versus o Fugitivo

As relações de amizade são muito semelhantes aos relacionamentos familiares. Em geral, nós nos encontramos muito mais com os amigos do que com nossa família. Viajamos com eles nas férias, compartilhamos eventos inesquecíveis, pedimos seus conselhos. Assim sendo, não é surpresa o fato de que a dinâmica que ocorre em nossa família ou em nossas relações conjugais também ocorra entre amigos íntimos; inclusive a ideia do Perseguidor e do Fugitivo.

A carta de Zoe:

Tenho gêmeas de dois anos. Há três meses, o primeiro filho de minha melhor amiga, Clare, nasceu morto. Tentei de tudo para ajudar, mas Clare tem me ignorado. Comprei presentes e tentei visitá-la, mas ela não quer nem saber. Se eu estivesse de luto, ia querer minhas amigas ao meu lado, me apoiando. Quero muito ser uma boa amiga, que ela saiba o quanto estou triste pelo ocorrido, mas nada do que eu faço adianta. Ela me mandou uma mensagem recentemente dizendo que quer apenas ficar sozinha por um tempo; mas tenho medo de que, quando melhorar, reclame que não estive ao lado dela. Como posso recuperar nossa amizade?

Atenciosamente, Zoe

Nesse relacionamento, Zoe corre atrás e Clare se retrai. O motivo mais provável para o recolhimento de Clare é sua dor desesperadora. Talvez, por enquanto, ela esteja evitando amigos que tenham filhos para se proteger, já que a dor é grande demais. E, infelizmente, em sua ansiedade de ser vista como uma boa amiga, Zoe está cega ao que Clare precisa nesse momento, que é consolo, empatia e alguma privacidade para se curar.

Como já mencionei outras vezes, problemas em nossos relacionamentos dizem muito sobre nós mesmos. Zoe queria que eu a ajudasse a recuperar o contato com Clare; mas, em vez disso, exploramos por que ela tinha tamanha necessidade disso. Sua ansiedade em fazer contato com Clare baseava-se em seu próprio pavor de não ser considerada uma amiga com quem se pode contar sempre. Ela temia que, se não demonstrasse todos os dias que estava sendo uma boa amiga, isso faria dela uma pessoa ruim.

Os pais de Zoe eram extremamente críticos, e ela nunca se sentia boa o suficiente. Assim sendo, na vida adulta, ela se tornou o Perseguidor, ao passo que o objeto de sua atenção se tornou o Fugitivo. Vou explorar isso mais profundamente no Capítulo 4 ("Companheiros"), mas vale realmente a pena ressaltar esse ponto aqui também.

A situação entre Clare e Zoe é um pouco diferente porque o que desencadeou o comportamento de Clare foi o bebê natimorto. Não há nada que sugira que a amizade entre elas tivesse esse padrão Perseguidor e Fugitivo antes dessa tragédia. Apesar disso, separar-se de sua querida amiga deixava Zoe em pânico, temendo não ter sido uma companheira "boa o suficiente". Ela aumentava os esforços para manter contato, ainda que fosse repelida por Clare. O pânico de Zoe era uma questão a ser resolvida por ela própria, que nada tinha a ver com o momento por que passava sua amizade; mas ela estava despejando tudo em Clare – que já tinha problemas suficientes com os quais lidar.

Criando espaço dentro das amizades

Amizades saudáveis funcionam melhor quando elas existem no espírito da aceitação incondicional. Com frequência, isso significa aceitar que seu amigo está adotando um comportamento diferente daquele que você adotaria. Se você se identificou com a história de Zoe e sente que é o Perseguidor, lembre-se de que não precisa estar fisicamente presente para que uma pessoa sinta sua amizade, afeto e apoio. Lembre-se de que quanto mais o Perseguidor persegue, mais o Fugitivo se esquiva. Se você mantiver isso em mente, não vai colocar tanta pressão em suas amizades.

DICA

Na próxima vez que se vir perseguindo alguém para obter uma resposta, um encontro ou um conselho, contenha-se. Analise os sentimentos que você experimenta sempre que as pessoas não querem fazer o que você quer que façam e entenda que você pode sobreviver a essas emoções.

Visões alternativas

Em um mundo ideal, nossos amigos compartilham conosco a visão de como as coisas devem ser. E algumas vezes nos irritamos por eles não agirem precisamente da maneira como agiríamos.

A carta de Elise:

Como fazer para que minha melhor amiga pare de tentar me arranjar um namorado? Tive um ano muito difícil, pois minha mãe morreu e em seguida terminei um relacionamento de quatro anos. Na época, Sarah foi maravilhosa e me ajudou a suportar tudo aquilo. Mas agora ela não para de tentar me apresentar a homens que ela conhece (e até a um que ela nem conhecia!). Cheguei ao ponto de não querer mais encontrá-la nem para tomar um café, com medo de que ela queira me falar sobre algum outro cara. Já disse muitas vezes que não estou interessada em ter um relacionamento agora. Como fazê-la entender que desejo ter um tempo só para mim?

Atenciosamente, Elise

A amizade entre Sarah e Elise é suficientemente forte a ponto de Sarah ter sido um grande apoio quando Elise passou por uma terrível perda e mudanças de vida. Ela fez Elise sentir-se ouvida e compreendida. Agora ela parece ter parado de ouvir com cuidado o que a amiga diz. E esse é um indício de que talvez esse episódio tenha mais a ver com Sarah e suas necessidades.

Sarah é o tipo de pessoa que ama sentir-se útil. Por isso ela se mostrou uma amiga perfeita para Elise naquele período tão difícil; suas necessidades a habilitaram a oferecer a Elise o apoio ativo de que ela precisava. Mas, agora, a situação é diferente. Elise deseja um tempo sozinha, para sofrer adequadamente pela perda da mãe e do relacionamento romântico, além de um espaço para respirar. Como muito do comportamento de Sarah tem a ver com satisfazer as próprias necessidades, ela se mostra surda aos apelos de Elise.

Elise precisa agora concentrar-se ainda mais em si mesma. E a única maneira de conseguir fazer-se entender é ser firme e segura. Não aceitar tantos convites bem-intencionados de Sarah deixará Elise disponível para conhecer outras pessoas. Isso poderia levá-la a fazer novos amigos, o que, por si só, seria um saudável progresso.

Criando relacionamentos mais equilibrados

Se a história de Elise e Sarah lhe soou familiar, dedique algum tempo para identificar se você usa seus amigos para satisfazer as suas necessidades, como, por exemplo, para que o achem esperto, ou útil, ou para se rebelar contra a sua família. Dessa maneira, você poderá perceber se o relacionamento é equilibrado ou se é sempre centrado em você.

Se, por outro lado, você tem um amigo que não o ouve, ou que está tentando orquestrar a sua vida, tente encontrá-lo menos durante algum tempo. As atitudes costumam falar mais alto do que as palavras; portanto, faça outros planos e coloque-se menos disponível.

DICA

Procure amigos com quem você tenha um relacionamento mais equilibrado e fique menos disponível para pessoas que tentam controlar a sua vida ou que queiram tomar todas as decisões.

Destruidores de grupos

Manter a dinâmica de um grupo pode ser complicado porque, embora possamos mudar, o resto da turma não se modifica necessariamente na mesma direção, ao mesmo tempo, no mesmo ritmo.

A carta de Eleanor:

Somos uma turma de oito amigos bem próximos, que se conhecem desde os tempos de escola e que conseguiram manter-se em contato até depois dos 30 anos. Um de nossos amigos, Harry, que sempre foi teimoso, ficou ainda pior. Se o resto de nós deseja ir a um determinado bar, ele tenta mudar o plano, de maneira que lhe seja mais conveniente. Costumávamos ceder, mas, ultimamente, decidimos ser mais firmes. Quando agimos assim, ele finge que não sabe chegar até o local, ou declara que nossa escolha é estranha ou ridícula. Ele também gosta de dizer que não poderá ir, a não ser que um de nós o leve de carro; e, então, quando acha que já está cansado, anuncia ao "motorista" que está na hora de ir embora. Começamos a nos encontrar sem convidá-lo e falamos sobre ele o tempo todo quando não está presente. O que mais podemos fazer?

Atenciosamente, Eleanor

Os destruidores de grupos são aqueles indivíduos que (com frequência, sem perceber) acreditam que não estão recebendo atenção suficiente do grupo, portanto precisam "destruí-lo" ou sabotá-lo. As pessoas que causam agitação quando chegam atrasadas a uma palestra na faculdade ou a uma reunião de trabalho, ao invés de entrar em silêncio, são destruidoras de grupos. É um comportamento que visa a chamar a atenção, mas que também demonstra certa falta de limites pessoais, de caos interior.

Nem todos os grupos precisam permanecer inalterados. Mas eles estão sempre alertas às mudanças e seus membros costumam resistir (inconscientemente) a elas. O grupo representa segurança; portanto, qualquer mudança pode ser percebida como uma ameaça à sua existência. É fácil perceber, como no caso de Harry, quando um membro não está mais "seguindo as regras". O difícil para o grupo de Eleanor é decidir o que fazer a esse respeito.

No caso de Harry, optou-se por excluí-lo. O novo grupo tem um novo código, que inclui conversar sobre Harry (ou se preocupar com ele, ou criticá-lo). Ironicamente, isso significa que, apesar de sua ausência, ele se transformou em uma força unificadora. Se ele quiser retornar, o grupo terá de mudar outra vez, e é pouco provável que volte a ser o que era.

Como resultado, seus componentes podem ter um desejo inconfesso de manter Harry de fora. Afinal, é impressionante que o núcleo da turma tenha se mantido por tanto tempo. Em geral, grupos dos tempos de escola ou universidade começam a se separar à medida que novas parcerias vão se formando. Em vez de lutar contra esse comportamento, talvez seja o momento de deixar Harry partir, como parte natural da metamorfose de qualquer grupo.

Mas suponhamos que o grupo queira reintegrar Harry. Isso vai exigir comunicação, e ela deve ser feita com delicadeza, para que não pareça que são sete contra um. O comportamento de

Harry sugere que ele está resistindo a algo. É difícil saber se é ao próprio grupo e seus planos sociais ou se essa é uma resistência mais ampla em relação a eventos ou situações em sua vida, que estão sendo descontadas no grupo. Os grupos podem ser como famílias. Com frequência, nós nos comportamos neles como faríamos em casa, com nossos pais e irmãos, testando os limites para ver até que ponto podemos ir antes que eles façam o que mais tememos, que é nos rejeitar.

Caso eles se preocupem mesmo com Harry, alguém na turma poderia ser incumbido de descobrir o que está errado. Uma escuta compreensiva pode ser exatamente o que Harry precisa. Suas tentativas de mudar os planos sociais e suas exigências de ser levado de carro aos jantares e de ser tratado como "o especial" podem originar-se de algo de fora do grupo. Algumas pessoas com traços de personalidade narcisista querem acreditar que são superiores aos outros e merecem ser tratadas de maneira diferente. Elas anseiam por sobressair.

Lidando com a dinâmica dos grupos

Ao formar um grupo, nós gravitamos na direção daqueles que são semelhantes a nós, que têm os mesmos interesses ou experiências de vida. Sem perceber, esse núcleo cria códigos tácitos sobre o que é aceitável em termos de roupas, senso de humor ou atividades. Com o passar do tempo, esses códigos começam a ser testados por coisas como trabalho, casamento ou morte. Alguns grupos suportam esse grau de alteração, ao passo que outros não conseguem fazê-lo.

Se você se identificou com a história de Eleanor e há um membro em seu grupo que se comporta como se fosse superior, reconheça que ele pode estar escondendo, lá no fundo, um sentimento exatamente oposto: insegurança. Analise como você se sente em relação à pessoa que está causando problemas no grupo e pergunte a si mesmo como se sentiria se o grupo continuasse e como se sentiria se ele acabasse.

DICA

Encarregue um membro do grupo de amigos de conversar com o "destruidor", para descobrir se há algo errado com o grupo ou se ele está com algum problema fora do grupo.

O Submisso

Assim como existem o Perseguidor e o Fugitivo, há outros papéis que as pessoas adotam em relacionamentos, como o Líder e o Submisso. O Líder tem medo de não ter o controle e seu lema pode ser resumido em "Eu sei o que é melhor". O Submisso, por sua vez, tem medo de ser assertivo e seu lema pode ser resumido em "Qualquer coisa por uma vida tranquila".

A carta de Alison:

Eu e Kate nos conhecemos no trabalho e há muitos anos somos as melhores amigas uma da outra. Quando ela se casou, fui sua madrinha, mas, a partir de certa época, começamos a nos ver cada vez menos. Após seu divórcio, no entanto, passamos a nos encontrar bastante de novo. No início, fiquei feliz por essa mudança – ela quis meu apoio, quis chorar no meu ombro. Mas, passados dois anos, sinto-me exaurida pela vida dela e seu infinito caos. Ela decide quando vamos nos encontrar e passa a noite toda reclamando do ex-marido ou dos nossos amigos em comum, que a rejeitaram. Além disso, sempre me pede para tomar conta da filha dela, de 3 anos, para que possa sair com algum namorado. O problema é que ela vai ficar zangada se eu disser qualquer coisa. Como fazê-la mudar?

Atenciosamente, Alison

A amizade entre Alison e Kate mudou com o tempo, e não foi para melhor. Embora sua lealdade à amizade de quase 12 anos permaneça, Alison agora está se menosprezando. Ela é a babá barata, o ombro no qual chorar, e sente-se profundamente frustrada.

Como em muitos relacionamentos, as frustrações de Alison nos dizem tanto sobre ela quanto sobre o relacionamento em si. Sua necessidade de ser indispensável encontrou um eco em alguém que possui uma necessidade complementar: a de estar no controle. Algumas vezes chamamos essas pessoas de Líder, ao passo que Alison, nesse cenário, é a Submissa.

É claro que para o Líder ter o controle – e para que isso ocorra durante algum tempo – a outra parte do relacionamento precisa ficar satisfeita por assumir o papel de Submissa, ainda que não o perceba. Não pode haver dois Líderes. E a maneira como esses dois relacionamentos se encaixam explica por que eles continuam, apesar de todas as dificuldades, por anos a fio.

Ironicamente, o que acontece em relacionamentos desse tipo é que ambos os lados se ressentem de seus papéis. O Líder se ressente por ter de assumir todo o trabalho no relacionamento, como, por exemplo, fazer todos os planos. O Submisso se ressente porque a outra pessoa é mandona, intransigente e controladora. As pessoas reclamam repetidas vezes de determinada amizade, mas não fazem nada de concreto sobre a questão. Isso, em geral, significa que alguma necessidade inconsciente está sendo atendida, apesar das frustrações. Nós chamamos esse fenômeno de *ganho secundário*. As pessoas que passam anos se queixando de seus empregos agem dessa forma para evitar tomar a atitude mais assustadora, que é encontrar um novo emprego e enfrentar todos os desafios que isso traz, como novos colegas de trabalho e novos problemas.

Quando uma amizade se arrasta, como a de Alison e Kate, é porque, apesar dos aborrecimentos, ambos os lados estão satisfazendo suas necessidades inconscientes, mas de uma forma venenosa. Os Líderes se sentem seguros quando estão no controle, ao passo que os Submissos conseguem evitar confrontação ou rejeição.

A boa notícia foi que a parte saudável de Alison cansou-se da dinâmica da relação. Ela se recusou a continuar sendo a subserviente, a babá gratuita. Começou a fazer um curso três vezes por semana, e isso não apenas a deixou ocupada com maior frequência como também lhe ofereceu a oportunidade de conhecer outras pessoas com interesses semelhantes aos dela. Com essa mudança de foco, Alison pôde perceber que se oferecer para tomar conta do filho da amiga, quando estivesse com tempo disponível, podia ser realmente prazeroso. Mas ser tratada sem qualquer consideração deve, definitivamente, ser evitado.

Alison descobriu uma motivação interior para fazer uma *Auditoria da Amizade.*

A Auditoria da Amizade

Se a história de Alison ecoa a sua própria história e determinada amizade o está exaurindo, pense na possibilidade de conduzir uma Auditoria da Amizade. É algo que todos deveríamos fazer de tempos em tempos. Refletirmos sobre nossos amigos mais chegados, analisando se eles ainda nos oferecem satisfação ou prazer. Existe algum amigo com quem você sempre concorda em se encontrar, mas que, por algum motivo, sempre cancela no dia do encontro? Alguém cujas ligações você sempre deixa cair na secretária eletrônica ou cujas mensagens você acaba nunca respondendo? Ou alguém cuja companhia o aborrece?

Vale lembrar que não podemos esperar que todos os nossos amigos compartilhem à risca nossas preferências. Algumas pessoas nos conhecem desde a escola e dividem conosco a paixão pelos mesmos hobbies, elas nos incentivam, nos desafiam intelectualmente ou despertam o que há de melhor em nós. Mas você pode descobrir que algumas das coisas que você costumava alcançar através de determinada amizade – divertimento, apoio mútuo – não estão mais presentes. A amizade começou a ficar dolorosamente desequilibrada.

Depois de fazer algumas descobertas sobre as suas amizades, você tem a oportunidade de se concentrar mais no fortalecimento de si mesmo e descobrir o que deseja de um amigo próximo. Outro aspecto desse processo de auditoria é que ele possibilita que você enxergue o seu papel no colapso de determinado relacionamento ou a sua contribuição para o desequilíbrio do mesmo.

Essas descobertas abrirão o caminho para você aprender a respeitar a si mesmo, o que o ajudará a delimitar melhor as suas fronteiras no futuro.

DICA

Para ser respeitado em futuros relacionamentos, você precisa aprender a respeitar a si mesmo. Ficar disponível demais, ser flexível demais, pode ser tão prejudicial à sua amizade quanto ser excessivamente obstinado ou exigente. Também é importante lembrar que as relações mudam com o passar do tempo. Todos nós passamos por dificuldades, e as verdadeiras amizades podem ter de enfrentar algumas tempestades. Felizmente, quando elas chegam a um ponto crítico, há várias coisas que podemos fazer para reequilibrar a situação.

Como colocar a amizade de volta nos trilhos

Pergunte a si mesmo se essa é uma amizade que você realmente deseja salvar. Para tanto, você precisará ser bastante impiedoso com a sua própria psicologia. Por que você ainda mantém uma amizade com essa pessoa? Ela o faz sentir-se necessário? Ela o faz sentir-se importante, superior, bem-sucedido? Ou você está sempre tentando ser como ela? Você tem pena dela? Você se conforta com o fato de ela ter pena de você? Ela sempre o deixa fingir que é mais jovem, mais livre, menos solitário do que você realmente é? Essa amizade exaure as suas energias?

Você tem coragem de parar de ser condescendente? Está pronto para dizer o que pensa, defender suas crenças e demonstrar que não vai mais ser empurrado ou forçado a fazer o que não quer? Afinal, as pessoas só nos desvalorizam quando permitimos que o façam. Ou será que é hora de se afastar e dar mais espaço a seu amigo? Delimitar fronteiras é importante em todos os relacionamentos, até nas amizades de muitas décadas.

Tente descobrir se seu amigo se sente da mesma forma que você sobre quaisquer dificuldades. Afinal, não faz sentido desperdiçar energia com alguém que quer estar longe de você. O seu amigo sabe, ou pelo menos faz ideia, de suas frustrações? Vocês poderiam sair para um café ou uma cerveja e discutir sobre seus problemas? Ou será que as coisas já foram longe demais? Há alguma tensão, algum episódio mal resolvido, entre você e seu amigo?

Se vocês se encontrarem para discutir um dilema do relacionamento, disponha-se a ouvir com paciência e não seja crítico. Tente entender o ponto de vista dele e esteja alerta para perceber se está sendo tratado com o mesmo respeito. Talvez seja bom declarar, desde o início, que ambos deverão ter em mente que, só por serem amigos, não significa que sempre enxergarão as coisas pelo mesmo prisma. Pode ser que, no fim do encontro, vocês tenham de concordar em discordar sobre certos aspectos de uma situação ou história.

O último conselho é reafirmar a amizade, caso decidam continuá-la. Pode ser de uma maneira concreta, fazendo um brinde, apertando as mãos, para marcar o obstáculo vencido. Vocês podem até combinar de fazer algo específico juntos, para sair concretamente do impasse anterior. E, no futuro, evite dar importância àquilo que gerou a ruptura inicial.

Como lidar com o fim de uma amizade

Infelizmente, há amizades que não duram. Algumas vão murchando discretamente. Outras se extinguem em meio a recriminações ou hostilidade. Há, ainda, as que vão se deteriorando até morrer por negligência. Felizmente, há maneiras de lidar com esses tempos de tristeza, caso aconteçam.

Como já mencionei, as amizades são vitais para o nosso bem-estar; portanto, a primeira coisa a ser feita para marcar o fim de um relacionamento que antes era valorizado é reconhecer as emoções que esse término provoca. Essas emoções podem ir de mágoa e decepção a raiva, talvez até culpa por não ter dado certo. E, como em todos os períodos de luto, as emoções podem esmorecer e retornar várias vezes, antes de desaparecer para sempre. Conversar com alguém sobre esses sentimentos, para que eles sejam de fato assumidos e processados, pode ser uma boa ideia. Nunca é demais salientar que, quando as coisas dão errado em uma relação, em geral isso revela muito tanto sobre nós quanto sobre o outro, e até mesmo sobre o próprio relacionamento. *Sempre haverá algo a ser aprendido sobre nós mesmos como resultado do fim de um relacionamento* – por mais desconfortável que isso possa ser.

Perdoar...

Quando uma amizade se rompe, lembre-se – perdoar é uma opção. É possível perdoar um amigo que nos magoou ou que se afastou acreditando que nós o magoamos. É um grande passo, e muito difícil, e poucos de nós somos corajosos o suficiente para arriscá-lo. Raramente nos sentimos fortes o bastante para perdoar. Tememos que pareça que estamos fechando os olhos a um comportamento inaceitável. Tememos fazê-lo apenas da boca para fora.

O perdão verdadeiro é sutilmente diferente. Ele deve ser dado sem qualquer intenção de receber algo em troca. Se oferecido com autenticidade, o perdão pode ser um passo em direção à paz e à cura pessoais.

...ou não perdoar

Infelizmente, nem mesmo o perdão reacende todas as amizades. É possível que algumas delas não tenham mesmo recuperação. Certa vez ouvi de uma amiga que algumas pessoas nos surpreenderão de forma positiva e outras, de forma negativa. Portanto, às vezes tem a ver com aceitar a realidade desse lamentável fato.

O fim de qualquer relacionamento envolve um período de luto, antes que se possa seguir em frente. E para esse "seguir em frente" será preciso contar com a presença da família e dos amigos queridos. Um período de reflexão pode ser útil para reconquistar um pouco de confiança – com atividades solitárias como meditação ou ioga, por exemplo –, para reunir força física e mental suficientes para que você possa se jogar no mundo outra vez. Ou, quem sabe, começar um novo hobby (o kickboxing é uma forma maravilhosa e segura de desabafar raiva e frustração). Novas atividades ocupam o tempo, evitam a melancolia e injetam energia em sua vida.

Cícero uma vez disse que "a vida não é nada sem a amizade". Amigos íntimos são vitais para o nosso bem-estar. Eles nos mantêm com os pés no chão, nos compreendem e nos fornecem um saudável apoio emocional. Eles nos amam apesar de todos os nossos defeitos. Por isso, não precisamos investir tempo demais em amigos "virtuais" à custa do nosso verdadeiro, precioso e único Eu real. Amizades verdadeiramente próximas podem ser as mais iluminadas, as mais educativas de nossas vidas.

CAPÍTULO 4

Companheiros

Os relacionamentos íntimos são a pedra fundamental da existência social humana. Eles têm o poder de nos deixar tontos de alegria, de nos fazer sentir extasiados, adorados, energizados, confiantes e completos.

Eles também possuem a força para destruir nosso equilíbrio, nossa sanidade, nossa autovalorização, nossa própria noção de quem somos. Por exemplo: algumas pessoas ficam tão dilaceradas pela dor de um coração partido que seu comportamento se altera completamente. Por que, então, ousaríamos nos colocar de novo na mesma situação?

Como descobriu a autora de uma das cartas a seguir – que tentava *evitar* sofrer outra vez –, o preço a pagar pelo isolamento protetor que nos impomos é a perda das coisas maravilhosas e enriquecedoras que só os relacionamentos íntimos podem nos trazer, que são o afeto, o amor e o potencial de crescimento.

O amor não é apenas algo que nos "acontece". O amor duradouro, estável e gratificante demanda bastante trabalho e autoconsciência. Um de meus pacientes resumiu o significado de uma relação íntima como "esforço gera recompensa". Quanto mais nos esforçamos, quanto mais vulneráveis ficamos, mais gratificantes nossos relacionamentos íntimos podem ser. Isso também explica por que, quando nossas relações não dão certo, ficamos traumatizados. Algumas vezes nós nos sentimos quase destruídos, tamanho foi o investimento em determinada relação.

Ecos do passado

Entender como começamos nossos relacionamentos íntimos, o que trazemos para eles do nosso passado, além de separar a fantasia da realidade, são atitudes que nos ajudam a nos conhecermos melhor.

A carta de Ed:

Tenho 41 anos e não confio nas mulheres. Quando eu tinha 5 anos, minha mãe abandonou a mim e minha irmã mais nova para viver com seu amante. Acho que passei muitos anos com raiva dela pelo abandono e com raiva de minha irmã por ser alguém de quem eu teria de cuidar (meu pai era um homem adorável, porém um pai despreparado). Agora, muito embora esteja casado e tenha um filho maravilhoso, necessito da afirmação constante de que uma mulher me ama ou me acha atraente. Tive vários casos extraconjugais, até que, recentemente, minha mulher me disse que se apaixonou por outro e quer o divórcio. Estou completamente arrasado. Como posso reconquistar o amor de minha mulher?

Atenciosamente, Ed

Ed tem toda razão quando incorpora sua infância a essa triste história de traição e infelicidade. Ele traiu a mulher durante muitos anos, especialmente porque passou a vida inteira zangado com outra mulher. O ato de abandonar os filhos por um amante quando eles ainda eram tão pequenos sugere que o foco maternal estava comprometido. Isso teria afetado o seu papel de mãe. Ed fala de ter se sentido sozinho e zangado quando ela partiu. Perder a confiança em quem quer que seja já é difícil, mas perdê-la dentro da própria casa pode ser devastador. É algo que desequilibra a sensação de segurança. No caso de Ed, isso contribuiu para a sua necessidade incessante de saber que as mulheres ainda o amavam ou, já adulto, que o desejavam sexualmente e o consideravam indispensável.

A raiva, a solidão e a necessidade constante de certezas são compreensíveis em uma criança de 5 anos. Na vida adulta, a afirmação que Ed procurou em relação às mulheres foi inadequada. Foi, na verdade, uma herança de sua tentativa de preencher um vazio criado pela ausência da mãe. Nem a intimidade do casamento conseguiu preencher essa lacuna, e Ed começou a ter casos extraconjugais porque, até certo ponto, ele continuava profundamente afetado pelos acontecimentos da infância. Esses casos foram rápidos e superficiais e acabaram por deixá-lo zangado, já que suas amantes não lhe ofereceram a atenção total ou o sentimento de importância que ele precisava para sobreviver. Ed se comportou como uma criança "cheia de direitos" em seus relacionamentos adultos com as mulheres. Isso porque o que ele desejava não era um relacionamento adulto (no qual ele pudesse crescer e amadurecer), mas a oportunidade de consertar os estragos da infância.

Essa instabilidade em nossos relacionamentos íntimos é bastante comum, pois costumamos procurar alguém que "se encaixe" e reproduza aquele padrão anterior. E em geral nem percebemos isso; é completamente inconsciente. Ansiamos conseguir o amor e a afirmação que acreditamos que nos faltaram na infância e carregamos esse anseio conosco até nossos relacionamentos adultos.

Quando Ed perguntou como reconquistar o amor de sua mulher, ele revelou como, para ele, casamento tem a ver com a satisfação de suas próprias necessidades. Em sua mente, isso precede a discussão sobre como *ele* poderia mudar para ter a chance de um relacionamento mais saudável com as mulheres no futuro.

Ed trabalhou no sentido de compreender que, durante décadas, ele vinha tentando fazer com que as mulheres de sua vida o amassem de maneira total e incondicional, como ele desejava que a mãe tivesse feito. Nós também trabalhamos para que ele processasse e lidasse com a raiva – um aspecto de suas relações com as mulheres, que logo as deixava desestimuladas. Essa rejeição passou a ser uma reprise da perda da mãe de Ed, o que só fez alimentar suas profundas reservas de raiva.

Exploramos também o relacionamento de Ed com a irmã. Quando adulto, sem se dar conta, muitas vezes Ed teve relacionamentos com mulheres "carentes" ou que ele imaginava que precisassem ser resgatadas. Isso o fez repetir um padrão da infância, quando acreditava que precisava proteger, educar e resgatar a irmã. Portanto, com frequência ele dirigia sua raiva para mulheres confiantes ou indisponíveis, cuja situação de vida não permitia que ele repetisse o seu papel de salvador.

Curando antigas mágoas

Se você se identificou com a história de Ed e é uma pessoa que já teve muitos casos, ou percebeu a existência de determinado padrão de ruptura em seus relacionamentos, identifique qual a questão de seu passado que você está tentando corrigir em suas relações presentes.

Quando mergulhamos em um relacionamento, é inevitável que estimulemos as mágoas e os pontos mais sensíveis um do outro. Essas feridas refletem o que veio "antes" em nossas vidas. As duas pessoas envolvidas nessa relação provocam reações emocionais um no outro, como o medo do abandono, da intimidade, da inconsistência ou de não ser amado.

Mas, no momento dessa provocação, cada um vê o Outro como um monstro contra quem é necessário se defender. Ele é visto como egoísta, detestável, abusivo ou deliberadamente cruel. Afirmamos que o Outro precisa mudar para que o relacionamento sobreviva. É um momento doloroso na relação porque é uma prova de que o Outro não faz parte de nós, não é uma versão amalgamada de nós mesmos. Não podemos suportar o fato de que não o controlamos – *que só podemos controlar a nós mesmos.*

Nosso foco não está em fazer o Outro mudar, mas em trabalhar a nós mesmos. Analise quais são as suas necessidades básicas em uma relação e o que você espera de seu parceiro. Além disso, procure o equilíbrio entre o que você dá e o que recebe nesse relacionamento.

DICA

Pergunte a si mesmo se você tem necessidades que não foram satisfeitas (de amor, atenção, liberdade, compaixão ou respeito). Isso irá ajudá-lo a entender suas "mágoas antigas" (que são diferentes para cada um de nós) e a parar de culpar o Outro por não satisfazer essas necessidades. Assim, você conseguirá eliminar muitos dramas de seus relacionamentos.

Amor não correspondido

Como casal, a confiança cresce quando começamos a aceitar e dividir nossos medos e nossas vulnerabilidades. Pode parecer simples, mas é algo muito difícil e corajoso de se fazer em um relacionamento. E isso exige coragem porque, quando entramos em uma nova relação, estamos penetrando no desconhecido, assumindo um risco para o nosso coração, já que não podemos, por exemplo, forçar a pessoa a nos amar também.

A carta de Beverly:

Conheço Paul desde os tempos de universidade, quando dividíamos um apartamento com mais duas pessoas. Somos grandes amigos há 10 anos e, no ano passado, durante uma viagem à Cornualha, percebemos que nossos sentimentos um pelo outro eram mais fortes e começamos a namorar. Entretanto, no mês passado, ele me disse que ser meu namorado não lhe parecia certo, por isso nós terminamos e não nos vimos desde então. Estou completamente arrasada. Pensei que relacionamentos baseados em amizade tinham maiores chances de sucesso. Como fazê-lo enxergar que formamos um ótimo casal?

Atenciosamente, Beverly

A situação de Beverly complica-se pelo fato de que ela não apenas perdeu um namorado, mas também um velho amigo. Desde o rompimento, ela não tornou a encontrar Paul. Quando somos magoados, buscamos conforto e conselhos com nossos melhores amigos. Beverly perdeu uma de suas principais fontes de apoio. Todos os nossos desalentos são dolorosos e angustiantes, mas não seria exagero afirmar que Beverly está sofrendo em dobro.

Na dor imediata da separação, Beverly anseia por mais uma união. Ela acredita que cometeu um erro. Sente-se idiota por acreditar que relacionamentos baseados em amizade sempre dão certo. Esse é um mantra que Beverly "baixou" (ou introjetou, como dizemos em psicologia) de algum lugar, talvez de revistas, talvez da infância ao lado dos pais ou mesmo da observação de outros relacionamentos em seu grupo de amigos ou de pessoas públicas. Ou poderia ser um "código" que ela, sem perceber, desenvolveu. Com frequência, esses códigos servem para nos manter em segurança, para evitar que nos coloquemos em risco. E, em um relacionamento diferente, esse código poderia ser válido. Mas, infelizmente, com Paul não foi.

O que Beverly viu é que não existe uma fórmula perfeita para relacionamentos íntimos. Uma relação que se desenvolve a partir de uma boa amizade tem boa chance de dar certo. Entretanto, como Harry e Sally descobriram no filme *Harry e Sally – feitos um para o outro,* intimidade e sexo acrescentam diferentes dimensões ao relacionamento – novas alegrias, mas também novas complicações. Nem todas as amizades podem cruzar a barreira para uma intimidade mais profunda.

Perder Paul também fez Beverly sentir-se desvalorizada e indigna de ser amada. Tê-lo de volta lhe permitiria recuperar a autoestima. Analisando a situação dessa maneira, podemos ver que o ideal é não confiar no Outro para nos sentirmos valorizados e dignos de ser amados. O ideal é que essa consciência do nosso próprio valor e atratividade venha do interior. Dessa maneira, ela estará sempre presente, uma fonte autossustentável de alimento emocional. Amadurecer implica desenvolver o poder de recuperação, ser capaz de se manter equilibrado. E isso não é fácil. Sempre há uma pequena parte de nós que não deseja abrir mão da criança interior, que anseia ser consolada pelos outros, em vez de fazer isso por si mesma.

Assim sendo, Beverly e eu trabalhamos para reforçar sua autovalorização e reconstruir sua vida com pessoas diferentes ao seu lado. Ela não pode controlar Paul e os sentimentos dele, mas *ela pode controlar o fato de não depender dele para ser feliz.* Dessa forma, Beverly conseguirá livrar-se da necessidade de tentar fazê-lo mudar de ideia. Nossa responsabilidade pessoal é sentir e expressar nossa dor ou nossos medos sem tentar mudar o Outro, ou usá-lo como um objeto que nos faça parar de sentir essa dor ou medo.

Ao libertar-se da necessidade de forçar Paul a se modificar, Beverly demonstra respeito pelo seu ponto de vista, ainda que discorde totalmente dele e esteja lutando com a própria dor. A tarefa de Beverly é entender, respeitar e amar a si mesma.

Lidando com a mágoa

Se você se identificou com a situação de Beverly e ama alguém que, infelizmente, não corresponde ao seu amor, entenda que relacionamentos são mais complicados do que simplesmente acreditar em um conjunto de regras. Isso acontece porque o Outro também está no relacionamento e você não pode controlá-lo. Só é possível controlar a maneira como você próprio se comporta e reage. Manter-se ocupado é uma boa forma de combater os sentimentos de derrota que se abatem sobre nós após o fim de uma relação.

Canalize sua mágoa e sua raiva para transformá-las em energia para novas atividades, como exercícios físicos, que liberam endorfinas que nos causam bem-estar. Praticar kickboxing, por exemplo, é uma maneira fantástica de liberar a raiva reprimida e estimular a geração de sentimentos de valorização e atratividade.

DICA

Evite implorar à pessoa que você adora que ela fique ao seu lado. Ao respeitar a posição dela, você respeita a si mesmo o suficiente para desejar um relacionamento com alguém que também o adore.

Quebra de confiança

Da mesma forma que os relacionamentos íntimos nos provocam dor, eles também nos oferecem a oportunidade de nos conhecermos melhor.

A carta de Lisa:

Sinto-me encurralada. Quando tinha 21 anos e estava na faculdade, eu e meu namorado terminamos. Fiquei totalmente infeliz e deprimida, não conseguia sair da cama. Com o passar do tempo, acabei me recuperando, comecei a construir uma boa carreira e me diverti com dois relacionamentos mais casuais. Estou namorando Jeff há cinco anos e já conversamos sobre casamento; mas, há pouco tempo, descobri que ele me traiu com uma colega de trabalho. Estou arrasada e, em nome do meu amor-próprio, quero terminar. Entretanto, estou apavorada de mergulhar outra vez naquela depressão. Como evitar mais um coração partido?

Atenciosamente, Lisa

Um ponto extremamente positivo é que Lisa já sobreviveu a um rompimento – uma experiência que poderá lhe ser útil em suas decisões atuais. Foi uma situação traumática, que a levou à depressão. Porém, ela conseguiu vencê-la; e aí está algo que eu adoraria que a fizesse sentir-se orgulhosa e fortalecida.

É provável que ela hoje tenha uma estrutura de apoio diferente. Eu acredito que o universo tem uma maneira singular de nos oferecer exatamente aquilo de que precisamos. A habilidade de Lisa de aprender com as experiências passadas é parte de um processo que nos capacita a estarmos abertos e vulneráveis aos relacionamentos e, ao mesmo tempo, nos mantém vigilantes a maneiras de nos protegermos, se necessário.

Uma forma crucial de autoproteção nos relacionamentos é manter sempre a própria identidade. Todos nós conhecemos um casal recém-formado que se adora, ambos tão concentrados um no outro que se esquecem de amigos, hobbies e planos pessoais. É claro que, no início, isso faz parte da alegria de ser um casal. Novos relacionamentos nos revigoram com novas ideias, experiências e intimidades.

Entretanto, manter contato com nossos amigos, nossas atividades favoritas, nossos sonhos, significa que *preservamos parte daquilo que faz de nós o que somos.* Isso nos proporciona uma fonte de força e bem-estar caso o pior aconteça e o relacionamento acabe. Tenho um amigo que afirma que sua vida foi salva por fazer parte de um coral. Durante todo o seu relacionamento amoroso, ele fizera questão de manter em sua agenda, para seu próprio prazer, o ensaio semanal com o coral. Quando sua parceira morreu, foi essa comunidade afetuosa e amorosa que, segundo ele, "tirou-me de casa uma vez por semana quando eu havia perdido toda a esperança".

A tristeza de Lisa está na perda não apenas de um relacionamento duradouro e do sonho de casar-se e ter filhos com Jeff, mas também da confiança. Os sentimentos algumas vezes são esmagadores. Esse foi um episódio que a fez questionar seu discernimento, sua intuição, seu intelecto, sua confiança, sua própria sanidade. Ela não escolheu passar por essa experiência.

O que ela pode escolher é readequar essa experiência segundo seus próprios critérios. O coração partido no final do relacionamento oferece uma oportunidade de escolha: eu permaneço no relacionamento e tento trabalhar essa questão com um homem a quem ainda amo? Ou protejo a mim mesma de sofrimentos futuros causados por alguém que já me traiu? Em outras palavras, trata-se de fazer uma escolha positiva, seja ela qual for. Permanecer pode ser o desejo de salvar ou consertar essa relação, e não medo de ir embora; da mesma forma, ir embora pode ter a ver com autoproteção e crescimento, e não com uma demonstração de raiva. Dessa forma, podemos reconhecer a realidade da dor e, ao mesmo tempo, assumir o controle das opções que fazemos e ter compaixão por elas.

Sobrevivendo à dor

Se você é como Lisa e quer resguardar-se da dor, o caminho mais fácil é evitar relacionamentos íntimos, completamente e para sempre. Mas o preço desse solipsismo, ou seja, dessa vida solitária, é que você perde todas as coisas maravilhosas e enriquecedoras que os relacionamentos podem nos trazer, como afeto, paixão, amizade, esperança e crescimento. Pode não parecer certo agora, quando você está passando por uma agonia diária, mas através da dor vem o crescimento.

É uma pena que a metáfora mais usada seja a de um coração *partido* e, portanto, um coração que agora está mais fraco ou inferior. Nessas circunstâncias, prefiro pensar no coração como algo que foi muito ferido. As feridas doem muito e podem ser cutucadas muitas e muitas vezes. Mas um corpo ferido também se cura e, com frequência, fica mais forte do que antes.

Reconheça o seu sofrimento e a sua dor e acalme-se através de longos banhos de banheira, pequenos presentes e boa comida para se alimentar e ser gentil consigo mesmo. Sozinho ou em um relacionamento, mantenha sempre sua identidade, desenvolvendo ou mantendo interesses, e amigos, separados de seu parceiro.

Juntos, porém separados

Como um de meus pacientes disse há pouco tempo, "não tem problema lembrar-me de ser 'eu' de vez em quando". Eu iria mais longe e diria que, para os casais, é *essencial* saber como estar juntos, porém separados. Para que um casal fique satisfeito junto, cada um precisa de espaço para se desenvolver como indivíduo. Nós chamamos esse processo de "individualização" e ele é vital para os relacionamentos íntimos, pois permite que duas pessoas possam juntar-se sem perder a si mesmas. Esse espaço é saudável e imprescindível, até mesmo quando formalizamos essas relações e passamos a morar juntos, registrando uma união civil ou casamento.

A carta de Nigel:

Meu parceiro Dave e eu celebramos nossa união civil em 2009. Sempre tivemos uma boa vida social, embora todas as vezes que vamos a uma festa Dave passe pouco tempo ao meu lado. Quando menciono isso, ele me repreende e diz que eu deveria ser menos sensível. Nós temos interesses distintos e, é claro, ficamos separados durante o dia, quando estamos trabalhando; então, é errado de minha parte querer que sejamos vistos como um casal quando estamos nos socializando com amigos ou estranhos?

Atenciosamente, Nigel

O que Nigel precisa perceber é por que o fato de eles se socializarem separadamente lhe parece tão doloroso. Quando Dave conversa com outras pessoas, isso não quer dizer que ele está evitando ou ignorando o parceiro. A mágoa de Nigel sugere a existência de algo que ele não está recebendo no relacionamento e que ele acredita ser de seu direito.

Sentir-se totalmente satisfeito em um relacionamento é algo complicado, não apenas porque cada um de nós é diferente, mas também porque cada um de nós tem expectativas diferentes. Alguns desejam amor e segurança. Outros, independência e respeito. Nós ansiamos pela adoração que nunca recebemos (ou pensamos que não recebemos) de nossos pais quando éramos crianças. Há aqueles que, após uma infância cheia de mimos, esperam ser príncipes para sempre; e há também aqueles que querem se livrar das lembranças de ausência de amigos na escola. Nossos motivos para permanecer em um relacionamento ultrapassam e muito o fato de gostarmos de alguém.

Meu trabalho com Nigel concentrou-se em ajudá-lo a examinar o que ele acreditava que estava deixando de receber no relacionamento com Dave. Nigel sempre se sentira atraído pela confiança do parceiro. E o que Nigel percebeu foi que estar ao lado dele era um atalho para a popularidade. Inconscientemente, Nigel achava que ser popular era uma proteção contra a solidão. Dave era um homem cheio de amigos que, no trabalho, chefiava uma numerosa equipe. Ele possuía boas habilidades sociais e sentia-se muito à vontade nas festas. Nigel gostava de estar ligado a um homem tão confiante, até porque sua infância havia sido relativamente solitária. Essa era *uma motivação inconsciente de seu relacionamento* com Dave, mas que carregava consigo as sementes de sua destruição.

Estimulei Nigel a conversar com Dave e expressar seus medos de solidão. E também a descobrir como ele se sentia. Da mesma forma que podemos não ter consciência dos motivos que nos levam a permanecer em uma relação e quais de nossas poderosas necessidades estão sendo atendidas, nosso parceiro pode estar na mesma situação. Assim como Nigel amava o fato de Dave ser tão popular, Dave sentia-se atraído pelo fato de Nigel ser leal e amoroso. Dave se dava bem com várias pessoas, mas raramente se aproximava de fato delas. Nigel lhe oferecia a proximidade que ele não conseguia experimentar em outros relacionamentos. Entretanto, dois dos elementos básicos que atraíram um para o outro estavam se tornando motivo de frustração. Esses elementos poderiam destruir algo que era bom.

Como se manter separadamente junto

Se você tem uma experiência semelhante à de Nigel e deseja algo que não está recebendo, esteja alerta para o que você traz de seu passado para os seus relacionamentos no presente. Uma relação saudável é aquela na qual cada parceiro cresce seguro de que buscar novos caminhos (fazer uma viagem de negócios, dedicar-se a um novo hobby, socializar-se separadamente) não constitui uma ameaça. Desejar que o outro satisfaça todas as suas necessidades não é uma atitude adulta; ser autossuficiente ao lado de quem você ama é algo que demanda esforço consciente e autoconhecimento, mas é uma postura saudável e madura.

DICA

Crie uma comunicação honesta na qual ambos analisem o que cada um deseja da relação. Isso não apenas evita que você presuma que suas necessidades serão supridas pelo outro, mas também impede que você fique ressentido quando ele não as suprir.

Vivendo uma vida secreta

Assim como permanecer sempre grudado pode ser algo doentio, sufocante e por vezes até destruidor em uma relação, é claro que a distância excessiva também não é nada saudável.

A carta de Helena:

Acabei de descobrir que James, meu marido há 10 anos, é viciado em pornografia. Faz tempo que ele andava distante, isolando-se de mim e de nossos dois filhos no galpão do jar-

dim, durante a noite e nos fins de semana. Um dia, quando o questionei, ele disse que fora ameaçado com a demissão ao ser apanhado navegando na internet durante o trabalho. Sei que ele está perturbado por ter mentido para mim, mas sinto-me enojada e traída por causa da pornografia, além de estar furiosa por ele ter colocado em risco a renda da família. Devo ficar ao lado dele, ou será que ele jamais será digno de confiança?

Atenciosamente, Helena

Helena está sofrendo de um coquetel de mágoas. Segredos corroem os relacionamentos, e descobrir um lado desagradável de uma pessoa que pensávamos conhecer intimamente é algo bastante perturbador. Além disso, através da mentira sobre a pornografia, o marido de Helena retirou muita energia do casamento. Todos esses aspectos levaram a uma quebra de confiança. E, uma vez quebrada, recuperá-la costuma ser difícil. Pode levar muitos anos.

O relacionamento está em crise. Helena precisa examinar os próprios sentimentos e, paralelamente, o casal precisa explorar maneiras de seguir em frente. Seria ótimo se James pudesse analisar seus sentimentos e tentar entender por que a estratégia escolhida para lidar com eles foi se fechar para a família e estabelecer uma conexão com a pornografia.

Helena perguntou se ela deve ficar ou ir embora. Entretanto, ela coloca a questão de uma maneira diferente, enfatizando que sua escolha de ir embora está ligada à possibilidade de o marido quebrar sua confiança mais uma vez. E isso é algo impossível de se prever. James – assim como milhões de pessoas que já fizeram promessas semelhantes ao se verem prestes a perder a confiança de quem lhes é caro – pode muito bem achar que será capaz de manter, pelo resto da vida, a promessa de *nunca mais fazer isso.* Deixando de lado cônjuges que fizeram tais promessas sem a intenção de cumpri-las, na tentativa de ganhar tempo, o vício de James em pornografia pode ter raízes profundas, que necessitam ser analisadas e tratadas. Assim sendo, se Helena ficar *apenas* porque James prometeu nunca mais repetir tal comportamento, o poder de sobrevivência do casal passa a ser só do Outro.

Em vez disso, o foco de Helena deve estar em *sua* vontade de ficar porque deseja, por exemplo, trabalhar para salvar e melhorar o casamento, ou ir embora porque não quer esperar por uma segunda traição meses ou anos depois. Ela deve moldar sua escolha de uma forma que seja positiva para si mesma, e nunca negativa (por exemplo, porque ela não acredita que possa sobreviver sozinha).

Ao se comunicarem de verdade, Helena tem a chance de abrir seu coração e expor seus sentimentos para que James reflita sobre eles e, ao mesmo tempo, ouvir sobre os sentimentos do marido. Pessoas na situação de James – e não estou querendo desculpar seu comportamento – costumam comportar-se assim por razões específicas. Pode ser uma herança do passado, como uma tentativa de atacar uma mãe controladora ou um pai ausente, ou mesmo alguma questão ligada ao presente, como um conflito de personalidades no trabalho ou uma luta com o verdadeiro sentido do papel de pai ou de marido.

Algumas vezes, pode ter algo a ver com a relação em si, ou quaisquer cicatrizes ou hábitos que tenham se formado e que só são expostos quando acontece uma crise. Com frequência, quando nos sentimos extremamente magoados, o mais difícil é reconhecer a nossa parte de responsabilidade nessa dinâmica.

Mas há momentos em que os casais se sentem pressionados pelo simples fato de formarem um casal. Amantes, pornografia, danças eróticas, bebida ou compulsão alimentar, tudo isso oferece a possibilidade da sensação sedutora de ter um segredo, a ilusão do controle ou o ataque tácito ao outro. Algumas pessoas suplicam pela segurança ou estabilidade do casamento, *ao mesmo tempo que* se sentem sufocadas por essa proteção e consistência.

Helena entendeu que, após a chegada dos filhos, ela e James começaram a ter vidas cada vez mais separadas. Para consertar a situação, eles fizeram terapia de casal e planejaram passar pelo menos uma noite por semana juntos para se reconectar. James, por sua vez, passou a frequentar um grupo semanal de ajuda a viciados em pornografia e se manteve afastado do computador.

Recuperando a confiança

Se você está vivendo uma situação parecida com a de Helena, converse imediatamente com o seu parceiro, abra seu coração. Identifiquem, juntos, quanto da vida secreta dele tem a ver com o relacionamento de vocês e quanto se deve a tentativas de lidar com questões do passado ou mesmo do trabalho.

Tenha a coragem de usar a crise para explorar a si mesmo e o seu comportamento. Somente quando nos conhecemos melhor podemos ter a esperança de desafiar nossos medos, imperfeições ou inseguranças, em vez de ficar aborrecidos pelo fato de o ser amado não conseguir ler nossa mente e consertar os estragos.

DICA

Examine bem seus próprios sentimentos e ambições e ajuste a sua escolha, de ficar ou ir embora, de maneiras positivas para si mesmo. Dessa forma, se sentirá muito mais confiante.

Valores conflitantes

Nem todos os relacionamentos íntimos chegam a um ponto de crise. Alguns apenas seguem em frente, de qualquer jeito, com seu próprio repertório disfuncional.

A carta de Lee:

Sempre fui cuidadoso com dinheiro e achei que Pippa, minha noiva, também fosse, pois, quando nos conhecemos, ela era mãe solteira e vivia com muito pouco dinheiro. Agora que ambos temos bons empregos, ela se tornou excessivamente generosa, dando dinheiro à irmã e aos pais, a ponto de ter de me pedir emprestado. Nós discutimos sobre isso o tempo todo. Eu acho que deveríamos economizar para nossa festa de casamento e para nosso futuro e temo que jamais possamos atingir segurança financeira ou ter dinheiro suficiente para ter mais filhos. Como posso fazer com que Pippa aperte o cinto?

Atenciosamente, Lee

Uma experiência muito útil para os casais é fazer uma *auditoria de valores*, que explicarei adiante. Os relacionamentos podem sobreviver, podem até ser enriquecidos, com as diferenças: de hobbies, renda, crença ou cor da pele. Mas os valores determinam quem somos. Casais que planejam ter filhos em geral discutem seus sonhos sobre como educá-los como uma tarefa a ser desempenhada a dois. Assim sendo, por que não ter discussões semelhantes sobre como cada um valoriza fidelidade, política, honestidade ou segurança financeira?

Além de fazer com que Lee e Pippa realizassem a auditoria de valores, trabalhei com Lee para explorar como o fato de dar dinheiro a Pippa estava contribuindo para aumentar o problema. Quando Pippa cuidava da filha sozinha e o dinheiro era pouco, ela era cautelosa com as finanças. Agora que possuía algum dinheiro, ela precisava aprender a administrar seus gastos. Entretanto, o socorro financeiro de Lee não estava permitindo que isso acontecesse.

Nós chamamos esse comportamento de "colusão". Lee afirmava estar irritado com o comportamento de Pippa, mas, ao mesmo tempo, sua ajuda constante estava bancando seu desejo de ser generosa. Pais de todo o mundo conhecem o "poder da insistência", quando os filhos fazem a maior cena para que lhes comprem algo. Manter-se firme diante de uma birra ou de lágrimas não é uma tarefa fácil. Lee precisava ter a mesma firmeza, não só porque a estabilidade financeira era uma forma saudável de viver, mas porque ele não podia reclamar do comportamento da noiva quando também se mostrava fraco diante das exigências dela de obter mais dinheiro. O ser humano é altamente imitativo; portanto, Lee precisava servir de modelo de administração responsável do dinheiro para que Pippa pudesse segui-lo.

É claro que, em minha linha de psicologia, brigas por causa de dinheiro muitas vezes *não são* por causa de dinheiro. Com frequência, discussões sobre "provisões financeiras" podem ser, sob a superfície, sobre "provisões emocionais", como, por exemplo, sentimentos de segurança ou de apoio suficiente. Lee revelou que os gastos de Pippa com sua família o deixavam inseguro, porque o faziam ver que havia mais pessoas na vida a quem ela queria agradar, em vez de apenas a ele próprio e à menina. Em algum nível, Lee estava preocupado: será que existia amor suficiente para todos no relacionamento?

Sentir-se compreendido e amado estava no topo da lista dos principais valores de Lee em um relacionamento, ao passo que, para Pippa (especialmente depois de alguns anos difíceis cuidando sozinha da filha), os principais valores eram coisas ligadas a rir e se divertir. Além disso, Lee preocupava-se pelo fato de o futuro ser desconhecido e, portanto, assustador, ao passo que Pippa, que sobrevivera às dificuldades de ser mãe e pai ao mesmo tempo, acreditava ser capaz de sobreviver a qualquer problema que a vida apresentasse.

Acima de tudo, ao focar a *sua* lista de valores principais, Lee capacitou-se a melhor determinar se, em seu relacionamento com Pippa, seus valores essenciais de amor, apoio, compreensão e segurança eram compartilhados e respeitados. Além disso, esse processo deu a Pippa a oportunidade de enxergar como o seu comportamento estava afetando o parceiro, o que, por sua vez, lhe deu a oportunidade de decidir se queria ou não mudar.

A auditoria de valores

Se você se identificou com a história de Lee e tem tido desentendimentos com seu parceiro sobre questões que considera importantes, faça uma auditoria de valores com ele. Cada um deve fazer sua própria lista de todos os elementos que consideram essenciais para um relacionamento mutuamente satisfatório. Mesmo que essas listas sejam individuais, em geral elas incluem coisas como confiança, respeito, sensibilidade, sexo, amor, dinheiro, políticas em comum, ter filhos, importância da família, segurança financeira, religião (ou fé) e senso de humor. Então, novamente em separado, coloque esses valores em ordem de importância.

Juntem-se e comparem as duas listas. Isso ajudará vocês a começar um diálogo sem confrontos sobre o que mais importa para cada um. E, por causa do sistema de classificação, ambos podem ver, de imediato, o que é mais importante para o outro. Através de conversas sobre essa auditoria, será mais fácil descobrir se seu parceiro tem os mesmo valores que você ou se, pelo menos, é possível conciliá-los – e se isso é um obstáculo para a relação.

DICA

Procure entender se você contribui, por meio de suas ações, para os hábitos ou comportamentos que o irritam em seu parceiro. Atitudes como, por exemplo, dar-lhe dinheiro; oferecer-lhe mais comida quando ele está tentando perder peso; ou levá-lo de carro do bar para casa, embora você odeie quando ele bebe demais. Reconheça sua conduta e tome a decisão de parar.

Mais sexo, por favor

Como Beverly descobriu quando ela e Paul passaram de grandes amigos a namorados, o sexo pode complicar os relacionamentos. Mas também pode fornecer as experiências mais intensas, aprofundando uma boa relação e tornando-a extremamente excitante. Mas o que não podemos esquecer é que *todos* os relacionamentos mudam com o passar do tempo, e isso inclui as relações sexuais. Por mais satisfatória e selvagem que seja a vida sexual de um casal, não há como manter para sempre aquela incrível e arrebatadora paixão de quando se viram pela primeira vez, aquele famoso período de lua de mel. O sexo pode aprofundar os relacionamentos, é capaz de torná-lo ainda mais gratificante, até mais significativo. Entretanto, ele também corre o risco de se tornar mais mundano, um simples hábito.

Sempre que escrevo sobre sexo, ouço as pessoas dizerem que estão muito felizes vivendo em total celibato. Que um relacionamento sem sexo funciona para elas e seus parceiros. Ou que, sem sexo, os relacionamentos são melhores. A primeira coisa que digo a qualquer um que se sinta tentado a repetir essas ideias é que este livro é para pessoas que desejam *melhorar* seus relacionamentos. Se levar uma vida celibatária realmente funciona para você *e* para seu parceiro, então fico feliz por vocês. Descobrir que alguém está feliz em uma relação mutuamente gratificante sempre me enche de alegria.

Mas eu adoro um bom sexo, e há muita gente por aí que também adora e que deseja que sua vida sexual seja mais satisfatória, mais agradável e mais frequente. A próxima carta é para essas pessoas.

A carta de Liam:

Beth e eu estamos casados há um ano. Só nos mudamos para a mesma casa depois do casamento porque, antes disso, vivíamos em lados opostos do país (nós nos conhecemos durante uma conferência). Nossa vida sexual sempre foi excelente, mas, infelizmente, nos últimos tempos não fazemos mais sexo com a mesma frequência de antes. Ainda gostamos de nos tocar e somos afetuosos um com o outro, mas há menos sexo. Isso é normal? Estou ficando um pouco chateado, mas, se for normal, não quero criar um problema onde ele não existe.

Atenciosamente, Liam

Liam tem duas preocupações: a primeira é o declínio na quantidade de sexo com Beth, a segunda está relacionada à sua interpretação de que isso possa significar que ela está se afastando dele. Costumamos carregar dentro de nós um ponto de referência em relação ao que constitui sexo "normal". Esse ponto de referência pode ser influenciado por nossas experiências, por artigos que já lemos, ou até por entrevistas de celebridades que gostam de se gabar de suas atividades no quarto. Existe uma crença de que há um padrão "normal" e, se não o estamos alcançando, fracassamos de alguma maneira.

Com o passar do tempo, os casais costumam descobrir que vivenciam uma experiência sexual mais profunda, mesmo que a frequência diminua. Uma questão de qualidade em vez de quantidade. Entretanto, ou essa não é a experiência de Liam, ou ele não a encarou dessa maneira. Talvez sua experiência anterior com Beth o tenha levado a imaginar que só existe uma versão do sexo perfeito e que, se isso mudou, só pode significar que algo está errado no relacionamento.

Ora, o sexo em um relacionamento é uma forma primorosa de comunicação. Não é necessário haver penetração ou orgasmo, uma vez que ele também envolve o toque sensual e gestos recíprocos. Tem a ver com dar e receber prazer. É sobre crescer em harmonia com nosso parceiro. Liam relata que ele e Beth permanecem carinhosos um com o outro. A questão é: isso é suficiente?

Estimulei Liam a começar a conversar com Beth sobre a vida sexual de ambos, a descobrir se ela está satisfeita e a revelar seus próprios sentimentos em relação à intimidade do casal.

Tendo decidido que mais sexo seria ótimo, Liam e Beth começaram a explorar o sexo tântrico. Esse tipo de sexo prolonga a intimidade. Tem a ver com respeitar e venerar o corpo um do outro. Em vez de técnicas complicadas, o importante é tocar, lamber, murmurar, embalar, chupar e acariciar. Não precisa haver penetração ou clímax. Se o orgasmo for atingido, será magnífico, mas esse não é o único objetivo.

Sugeri que Liam e Beth discutissem sua relação. *Recém-casados costumam resistir a fazer isso,* acreditando que, como acabaram de se casar, tudo tem que estar perfeito. Mas, na verdade, é uma mudança muito grande, que pode trazer todo tipo de questão relacionada a identidade ou medo do futuro ou simplesmente ao fato de tudo ser diferente de como se imaginava que seria.

Através de suas conversas, Liam ficou sabendo que Beth estava estressada devido às constantes cobranças dos amigos bem-intencionados, que viviam perguntando quando eles pretendiam ter filhos. Sem perceber, ela começara a ver o sexo como algo estressante, não como uma atividade prazerosa. As novas ideias tântricas de enfocar o prazer sexual, não apenas a penetração, fizeram com que Beth fosse capaz de processar suas ansiedades em relação à gravidez, ao mesmo tempo que o casal descobriu novas técnicas de prazer. E Liam, é claro, ficou profundamente aliviado ao descobrir que Beth não havia perdido a atração por ele.

Fazendo o melhor sexo

Se você é como Liam e está preocupado com alguma mudança em sua vida sexual com seu parceiro, lembre-se de que a intimidade sexual é uma forma de comunicação. Conversem um com o outro sobre tudo o que diz respeito ao tema. Explorem novas posições, novas horas do dia ou novos lugares. O objetivo não deve ser recriar a mesma excitação que existia no começo do relacionamento, mas sim manter uma jornada sexual que satisfaça e acalente ambos os parceiros.

Ao mesmo tempo, aceite a ideia de que mudanças na vida sexual muitas vezes podem ser um sinal de que algum fator de tensão subjacente a seu relacionamento seria beneficiado se fosse trazido à tona e discutido.

DICA

Converse com seu parceiro, na cama e fora dela, sobre o seu cenário romântico ideal. Crie ritos sensuais na cama ou no banheiro, com velas, música ou óleos essenciais. Retire a pressão relacionada à penetração e ao orgasmo fazendo outras atividades íntimas e táteis, como tocar, lamber, murmurar, embalar e acariciar. Dessa forma, você vai deixar a sua vida sexual plena de significados positivos.

Autoconhecimento

Para fazer boas escolhas em sua vida você precisa desejar conhecer a si mesmo inteiramente e entender o que quer. Acima de tudo, precisa assumir a responsabilidade por suas atitudes e entender por que, por exemplo, você opta por ficar preso aos mesmos comportamentos (como Ed e suas amantes).

O medo da solidão está enraizado em nossa psique. Afinal, somos criaturas grupais. Enxergamos a solidão como algo que estigmatiza e tentamos evitá-la a todo custo (veja o Capítulo 9, "Mídias sociais"). E, algumas vezes, isso nos impulsiona a entrar em relacionamentos inadequados e doentios, *relacionamentos nos quais murchamos ao invés de florescer.* Podemos partir, mas temos pavor de fazê-lo. Tudo isso é parte da jornada do autoconhecimento.

E não podemos nos esquecer: a vida é feita de términos. Na natureza, acontece a deterioração e a morte, mas também existe o renascimento. Como disse Leonard Cohen: "Há uma rachadura em todas as coisas. É assim que a luz entra."

CAPÍTULO 5

Irmãos

Os irmãos, se os temos, podem nos oferecer algumas de nossas melhores e mais duradouras relações. São as pessoas com quem mais poderemos contar durante toda a nossa vida.

Portanto, sinto-me quase impertinente por ousar mencionar Caim e Abel. Pois os irmãos também são capazes de trazer enormes problemas e ressentimentos que, da mesma forma, podem durar toda uma existência. Embora sejam, em geral, educados pelos mesmos pais, existem várias dinâmicas – como favoritismo parental ou rivalidade entre irmãos – que podem perturbar esses relacionamentos e fazer com que a experiência de viver naquela unidade familiar seja radicalmente diferente para cada filho. O fato de terem compartilhado os genes, dividido a mesma casa e as mesmas férias não significa que devem, automaticamente, se dar bem um com o outro.

Rivalidade entre irmãos

Os conflitos surgem porque, em família, os irmãos competem, desde o início, por recursos limitados – a atenção dos pais. Acredito que *o amor é infinito e que há sempre mais do que suficiente para ser distribuído.* Mas há momentos em que é impossível para os pais atender igualmente a mais de um filho. Uma mãe não pode colocar mais de um filho para dormir exatamente ao mesmo tempo. Ainda que seja por um minuto, outra criança está recebendo a atenção que não apenas queremos, mas que sentimos (em nosso modo infantil e egoísta de ser) que merecemos.

O mais extraordinário é que o respeito fraternal pela ordem de nascimento e os privilégios, ou o que quer que derive da posição que você ocupa no firmamento familiar, parecem estar profundamente interligados.

A carta de Claire:

Sou a mais velha de três filhos e comando uma bem-sucedida equipe de quarenta pessoas. Sou respeitada em meu trabalho, mas, no que diz respeito à minha família, é como se eu não tivesse alcançado nada. Quando liguei para minha mãe para contar que minha equipe havia ganhado um importante subsídio governamental, ela só queria falar sobre meu irmão, minha irmã e os filhos deles. Não sou casada e sei que minha mãe não aprova essa situação, mas eu me sinto invisível. Agora que minha mãe está mais velha e doente, meus irmãos querem que eu corra para lá todos os fins de semana para ajudar a cuidar dela, pois eles estão muito ocupados com seus filhos. Eu me ressinto de ser a mais velha, aquela que está sempre ali para resolver os problemas, principalmente porque minha mãe sempre criticou a minha vida de "solteira". Como fazer para que todos me vejam de uma maneira diferente e se proponham a fazer a sua parte?

Atenciosamente, Claire

Os irmãos têm perfeita consciência de quem está recebendo maior atenção dos pais e se esse tratamento (em especial os agrados) é justo. Claire observou o fato de sua mãe falar sempre sobre os irmãos (seus rivais) e percebeu que seus próprios sucessos eram ignorados. Mas, quando precisaram dela, os irmãos não hesitaram em criticar sua falta de envolvimento.

Sendo a mais velha, Claire deve ter tido uma noção bem clara de sua posição de "destronada". Existem aparentes compensações pelo fato de ser o primogênito: as pessoas fazem mais alarde em relação ao irmão mais velho. E, com o passar do tempo, podemos desenvolver uma sensação de superioridade pelo fato de sermos os primeiros. Mas não se iluda: se dependesse de nós, seríamos filhos únicos.

Claire e eu observamos como, nas famílias, cada um de nós, inconscientemente, assume um papel. Isso se deve, em parte, ao desejo de conseguir a atenção dos pais. Não adianta competir diretamente com um irmão em termos de meiguice, precisão ou organização, porque ele provavelmente (em especial se for mais velho e, portanto, mais capacitado) será melhor em cada um desses aspectos. Um plano com mais chances de dar certo é descobrir onde estão as brechas no sistema familiar e nos voltarmos para elas.

Claire precisou reconhecer o quanto ela associou o fato de ser competente ao seu desligamento da família, por sentir-se criticada e ignorada. Ela também pôde enxergar que foi sua competência que fez com que sua família se voltasse para ela em momentos de crise.

Pedi a Claire que pensasse sobre o que poderia ter ganhado no passado por ser tão "boazinha" e procurado agradar a todos. Ela recebeu elogios em casa ou na escola? Esses elogios contrabalançaram sua culpa por seus ressentimentos ocultos contra os rivais? Ela esperava que um "bom comportamento" fizesse as pessoas gostarem mais dela, como sua mãe, que tinha pontos de vista definidos sobre sua maneira de levar a vida?

Os ressentimentos de Claire em relação à dinâmica atual da família eram sinais de que há tempos ela ansiava pela atenção dos pais. O sonho de Claire, de que os irmãos tomassem conta da mãe, era, na verdade, uma tentativa de se referir à distribuição injusta de suprimentos emocionais. Isso lhe deu forças para conversar com a mãe sobre o quanto ela se sentia preparada para fazer, mas também para colocar limites em sua disponibilidade, o que forçaria cada um dos irmãos a dar a sua contribuição.

Lidando com os ressentimentos

Se você se identificou com a história de Claire e ressente-se da falta de interesse de seus pais, ou sente-se tratado injustamente quando comparado aos seus irmãos, pense em seus relacionamentos dentro de sua família e analise se as suas escolhas de vida foram induzidas, talvez sem perceber, pela necessidade de compensar a falta de apoio emocional na infância. Entender isso sobre si mesmo significa ter a oportunidade de ser menos afetado pela aparente injustiça atual. Além disso, defina os limites de sua disponibilidade, para que as responsabilidades de sua família possam ser divididas igualmente, agora que todos são adultos.

DICA

Estabeleça quais são as suas necessidades como adulto e procure providenciá-las. Por exemplo, se você ainda anseia por afirmação, dê a si mesmo prêmios, recompensas e elogios – não apenas por suas conquistas, mas pelo fato de você ser quem é.

Ordem de nascimento (1)

Em termos de desenvolvimento humano, a atenção positiva dos pais nos confere calorosos sentimentos de segurança. Essa sensação de segurança estimula uma autoestima saudável, pronta para florescer cada vez mais. Se somos primogênitos, ocupamos a privilegiada posição de ser o único objeto de adoração dos pais. Mas esse nirvana é destruído com a chegada dos irmãos, quando nossa vida se torna repleta de rivais.

Irmãos mais novos têm uma vantagem na fogueira dos relacionamentos familiares: eles já conhecem a vida da família com a presença de todos os seus componentes. Em geral, eles desenvolvem uma complacência própria, que vem do fato de chegar a um sistema que já contém rivais. O primogênito não tem esse luxo. A ordem em que nascemos na família pode influenciar muito nosso comportamento e humor, e questões relacionadas a isso podem prolongar-se até a vida adulta.

A carta de Eliza:

Sou a filha do meio de três irmãs. Sempre fomos próximas, embora eu detestasse ser a do meio porque precisava fazer a mediação entre os membros da família quando havia alguma briga. Só que agora minha mãe deixou escapar que minhas duas irmãs se desentenderam; mas ninguém tinha me contado nada. Estou muito aborrecida e magoada e sinto vontade de romper com todas elas. É como se eu não merecesse confiança suficiente para receber essa informação. O que posso fazer para que conversem comigo sobre isso?

Atenciosamente, Eliza

A linguagem da carta de Eliza revela a profundidade da emoção disparada por uma rixa na qual, na verdade, ela não está envolvida. Ela se sentiu tão rejeitada pela família que passou a querer fazer uma represália, cortando todos de sua vida totalmente.

O motivo pelo qual ela odeia ser a filha do meio não faz muito sentido. "Mediadora da família" é um papel muito forte para se desempenhar, pois dá a entender que essa pessoa está acima dos conflitos. É uma posição de poder, pois todos se valem do mediador para pedir conselhos e apoio, sem críticas ou rancores.

E quando Eliza descobriu que seu papel tradicional de "filha do meio" foi ignorado, ela entrou em pânico. Parte de sua identidade (mais do que ela mesma percebe) está impregnada do fato de ser a "do meio", a pessoa que sabe o que se passa na família. Agora que o jogo familiar está sendo jogado de maneira diferente, Eliza se sente insegura e abandonada. Ela interpreta isso como falta de confiança por parte das irmãs. Em outras palavras, elas estão cometendo um erro que precisa ser corrigido. Acima de tudo, ela quer que eu a ajude a esgueirar-se de volta para o meio, um lugar onde se sente segura.

É possível também que a mãe de Eliza esteja perturbada por esse desenrolar de acontecimentos na dinâmica familiar. Talvez isso a tenha levado a fazer com que Eliza soubesse da briga. Essa me parece uma família que não tem habilidades ou prática na arte de estabelecer limites. Assuntos pessoais têm de ser discutidos por todo mundo. Não há muitos espaços privados.

Eliza e eu exploramos o que a fazia sentir-se segura ou insegura. Ela me falou de uma lembrança da infância, quando ouviu as duas irmãs falando a respeito dela. Para Eliza, estar no meio significava estar no controle, uma vez que conhecimento traz poder.

O crucial é que Eliza reconheça que uma briga entre as duas irmãs não tem nada a ver com ela. Eliza deseja intrometer-se porque a outra opção (ser deixada de fora) lhe dá a sensação de ter perdido o controle. Se não puder monitorar o que elas dizem uma à outra, como vai controlar o que possam dizer a seu respeito?

Ter a coragem de se afastar e deixar que a briga siga seu curso é algo doloroso para Eliza. Em determinado momento ela precisou apagar os números de telefone das irmãs do celular para tornar ainda mais difícil entrar em contato com elas. Todavia, com o passar do tempo, Eliza foi delimitando fronteiras cada vez mais firmes para si mesma – e para os outros.

Estabelecendo parâmetros

Se você se identificou com a história de Eliza e entrou em pânico por achar que os membros de sua família o estão excluindo de suas vidas, pergunte a si mesmo por que é importante para você estar tão envolvido. O que você costumava fazer para ter a atenção de seus pais? Crianças são extremamente astuciosas para descobrir do que os pais gostam (paz, sossego, cozinhar, piadas) e logo desenvolvem novas habilidades para conseguir o envolvimento deles. Quando somos pequenos, essa situação muitas vezes gera um favoritismo inadvertido que é, em parte, orquestrado por nós mesmos.

Ao rever o que desejava quando era criança, você será capaz de alcançar uma nova perspectiva como adulto. Ao se afastar dos dramas familiares, se colocará em uma posição melhor para estabelecer limites em sua vida e focar seus próprios problemas e não os dos outros.

DICA

Identifique o papel que você desempenha em sua própria família e pergunte a si mesmo como você se sentiria se o perdesse.

Ordem de nascimento (2)

Quer escolhamos desempenhar um papel em nossa família, quer ele nos seja imposto, é difícil não assumi-lo novamente quando nos vemos de volta ao território familiar. O Natal, por exemplo, é um momento clássico. Voltamos à casa paterna cheios de boas intenções e nos vemos sendo sugados de volta a antigos padrões de comportamento, antigas interações, antigos conflitos. Coletivamente, a maneira como caímos em velhos padrões de comportamento nas reuniões de nossas famílias torna duas vezes mais difícil que todos superem preconceitos há muito enraizados.

A carta de Caroline:

Tenho 35 anos e quatro irmãos. Eles querem que eu convença meu pai a ir morar comigo e com minha família. Levo uma vida modesta, trabalhando como escultora, algo que amo, mas passei toda a vida sendo dominada por meus irmãos. Quando criança, eu fantasiava muito e eles me faziam de alvo de todas as suas brincadeiras. Hoje, sinto-me frustrada por eles só conseguirem enxergar em mim aquela pessoa que pode ser manipulada por todos. O que fazer para que me tratem como uma mulher adulta?

Atenciosamente, Caroline

Tenho a impressão de que as fantasias não eram apenas um sinal da pessoa imensamente criativa que Caroline se tornaria, mas uma tentativa de fugir da vida familiar muitas vezes intolerável, na qual ela era a "cobaia" dos irmãos. Desenvolver a autoestima de Caroline era essencial, uma vez que ela possuía uma tendência a retroceder e assumir o papel de bebê da família. Entretanto, como acontece em qualquer relacionamento, quando tentamos mudar, isso se torna uma "novidade" para as pessoas que nos cercam e elas se apavoram. E podem redobrar seus esforços para nos levar de volta ao nosso lugar de origem.

Em seu relacionamento com esses múltiplos Outros (seus irmãos), Caroline trabalhou arduamente para alimentar sua autovalorização através de suas interações com amigos, seu companheiro e suas filhas, além de seu sucesso profissional. Reforçar a autoconfiança facilitou a confrontação com os irmãos.

Trabalhou também para desfazer o fato de que qualquer intimidação por parte dos irmãos trouxesse à tona as lembranças dolorosas de exclusão e solidão da sua infância. Durante anos, ela concordara com os desejos de todos eles, na esperança inconsciente de, um dia, conseguir sua aceitação.

Uma consequência inesperada do aumento de autoconfiança de Caroline foi que seu irmão Tom acabou se desculpando pela forma como a tratara na infância – uma conversa mágica que ela nunca ousara imaginar.

Isso nos lembra que as tensões da infância não precisam durar toda uma vida, mas que, com uma comunicação boa e sincera, elas podem ser trabalhadas e se transformar em fonte de aprendizado. Caroline e Tom têm agora, na vida adulta, uma intimidade afetuosa que nunca existiu quando eram crianças. Podemos dizer que estão se conhecendo outra vez. Eles descobriram que têm várias coisas em comum, não apenas genes.

Como a ideia inicial dos irmãos – de que Caroline chamasse o pai para morar com ela – era, na verdade, um resquício das intimidações da infância, bastou Caroline desenvolver sua assertividade e essa questão foi abandonada sem nenhum debate familiar.

DICA

Mude o rótulo que lhe deram na infância, como, por exemplo, "o neném", "o preguiçoso" ou "o levado", trabalhando com afinco, de forma consciente, para anular essa descrição sempre que for oportuno. Isso dará a você uma forma mais adulta de funcionar no mundo, o que, por sua vez, fortalecerá a sua assertividade.

Reescrevendo o roteiro familiar

Se você se identificou com a história de Caroline e deseja que sua família o trate como o adulto que você é agora, e não como a criança que foi um dia, precisa trabalhar a sua autoestima para que as tentativas de levá-lo de volta ao passado fracassem. Cerque-se de bons amigos e de boas atividades e não se preocupe em tentar agradar sua família o tempo todo. Não se trata de fazer com que seus irmãos satisfaçam as suas necessidades, mas de definir a si mesmo e adquirir autoconfiança para levar a sério suas próprias necessidades.

Brigando por brinquedos e garotos

A competição constante entre irmãos na infância pode moldar a nossa conduta na vida adulta.

A carta de Nikki:

Minha irmã Ashlyn e eu temos quase 30 anos de idade. Depois que ela terminou um namoro, há alguns anos, eu continuei a me socializar com Callum, o ex-namorado dela. Infelizmente, minha irmã descobriu e ficou furiosa. Ela fez com que minha mãe me fizesse prometer que não seria mais amiga de Callum. Isso me deixou irritada, pois eu já o conhecia antes de Ashlyn conhecê-lo, e sempre nos demos muito bem. Na verdade, chegamos até a namorar por um curto tempo. Amo minha irmã e não quero magoá-la, mas também não quero perder minha ligação com Callum.

Atenciosamente, Nikki

Esse tipo de situação tem um aspecto profundamente ligado a questões que foram se enraizando desde a infância. Bem no centro dela estão duas irmãs que pedem à mãe que interfira, da mesma forma que teriam feito quando eram crianças. Há algo quase infantil na forma como Ashlyn envolve a mãe para que ela obrigue Nikki a parar de se encontrar com Callum. Ao mesmo tempo, "eu já o conhecia antes dela" soa como o argumento de uma criança birrenta, que afirma que o brinquedo "é meu". Em outras palavras, Callum é o brinquedo mais recente pelo qual duas mulheres estão brigando.

Apesar de terem crescido juntas, as duas irmãs não desenvolveram as sofisticadas habilidades interpessoais que podem ser adquiridas durante os conflitos da infância. A solução de "correr para a mamãe" sugere que isso é o que elas têm feito desde pequenas. E, sem dúvida, a mãe é conivente com a situação, assumindo o papel de juiz. Talvez isso a faça sentir-se útil. Ou talvez diminua a sua culpa pelo fato de as filhas brigarem, motivo pelo qual ela ainda assume esse papel, embora as filhas sejam adultas.

O envolvimento dos pais pode contribuir para o conflito entre os irmãos. Os pais ficam desesperados para que os filhos tenham um bom relacionamento, mas, ao resolver todas as suas disputas, eles tornam os filhos despreparados para negociar seus conflitos como adultos.

Embora eu tenha explorado essa questão com mais detalhes no Capítulo 2 ("Pais"), a primeira coisa que eu e Nikki fizemos foi determinar que, para ela se comportar com maturidade, era preciso tirar a mãe da equação. Caso contrário, a dinâmica da infância estaria apenas sendo repetida no presente. Sem usar a mãe para colocar panos quentes, Nikki precisou assumir a responsabilidade por sua própria fúria.

Também pedi a Nikki que examinasse sua necessidade de manter Callum em sua vida. Ninguém deseja que os outros determinem com quem podemos ou não socializar; portanto, essa fúria tem a ver com sentir-se controlada. Poderia também ter algo a ver com a possibilidade de o relacionamento com Callum ser uma maneira de Nikki manter algo que a irmã não tem mais, como um brinquedo favorito do passado. Além disso, pedi a Nikki que fosse honesta sobre como se sentia em relação ao fato de sua irmã namorar Callum depois de ela tê-lo namorado. Será que essas duas meninas seriam capazes de se separar? Ou será que a rixa em relação a Callum era uma demonstração do quanto as duas irmãs eram complicadas?

Acima de tudo, Nikki precisava conversar abertamente com Ashlyn. Talvez a habilidade de Nikki de manter um bom relacionamento com um ex demonstrasse maturidade, algo que poderia servir de exemplo para Ashlyn.

Com uma comunicação adequada entre as duas garotas, a hostilidade diminuiu e uma afeição natural veio à tona. Com Ashlyn mais presente em sua vida, Nikki nem sentiu necessidade de ver Callum com a mesma frequência, e, quando isso aconteceu, Ashlyn surpreendeu-se por sentir-se menos ciumenta.

Assumindo a responsabilidade

Se você se identificou com a história de Nikki e seus pais ainda fazem a intermediação das disputas entre você e seus irmãos, está na hora de assumir a responsabilidade por seu comportamento ou suas emoções, em vez de usar os pais como anteparo. Pare e pergunte a si mesmo se você realmente deseja algo, ou se só quer porque seu irmão quer. Observe que emoções seus irmãos despertam em você. Concentre-se em viver a sua vida de maneira a não se sentir tão afetado por aquilo que eles fazem.

DICA

Quando se flagrar, junto aos seus irmãos, comportando-se como se ainda fossem crianças, dê a si mesmo a opção de agir de maneira diferente.

Gêmeos

É claro que alguns irmãos estão juntos desde o momento da concepção. Os gêmeos ocupam um lugar fascinante e único no espectro dos relacionamentos. Há dois tipos de gêmeos. Os idênticos têm a mesma aparência, compartilham 100% do DNA e são sempre do mesmo sexo; os fraternais são menos parecidos, foram gerados de diferentes óvulos e podem ser do mesmo sexo ou não. Estudos demonstraram que, mesmo quando educados separadamente, os gêmeos idênticos costumam afirmar que sentem que algo está faltando. Isso nos faz lembrar que os gêmeos possuem meses de experiências juntos no útero, quando seus sentidos estão se desenvolvendo, antes de conhecerem quem quer que seja no mundo.

A carta de Lola:

Eu sempre quis fugir de Caz. Odiava a maneira como todos nos tratavam como se fôssemos uma só pessoa, vestiam-nos com roupas iguais, colocavam-nos na mesma turma na escola e nos traziam os mesmos presentes. Saí de casa aos 17 anos, tornei-me rebelde, tomei uma overdose de drogas no Camboja e fui assaltada no Brasil. Queria sentir as coisas por mim mesma e não por nós duas. Caz gostaria que fôssemos mais próximas, mas isso só me afasta dela ainda mais. Quando ela se casou, quis que eu fosse a madrinha e eu tive de fingir que estava em um lugar distante, na Índia, sem ter como voltar para casa. Sinto-me sufocada sendo gêmea de Caz. Não sei o que fazer.

Atenciosamente, Lola

A experiência de Lola nos faz lembrar que todos os relacionamentos precisam de limites saudáveis e bem claros. Precisamos ter uma noção do nosso Eu, nossa individualidade; caso contrário, nos confundimos com o outro, perdemos nossa identidade – o que é confuso e pouco saudável. Todos temos de aprender a nos separar de nossas mães, um processo complicado do desenvolvimento; mas os gêmeos precisam ainda negociar para separar o "Eu" do "Nós".

O anseio de estabelecer limites que Lola sente parece ter origem tanto na necessidade de proximidade que Caz demonstra quanto em sua própria vontade de ser mais autônoma. Sua reação extrema ao convite para ser madrinha da irmã demonstrou a profundidade de sua resistência a ser parte do mundo dela. Inúmeros gêmeos adoram essa situação. Eles falam sobre como se divertiam na infância, como se sentiam compreendidos, como trocavam de lugar para pregar peças nas pessoas e, em geral, tinham uma experiência positiva. As viagens constantes de Lola sugerem que nenhuma distância entre ela e sua gêmea é suficiente.

Entretanto, essas viagens também são um sinal da saudável importância que Lola dá a ser tratada como um indivíduo e não como uma unidade, um sinal de sua rejeição a apenas um aspecto de sua identidade (o de ser gêmea) e uma necessidade de que o mundo exterior reconheça totalmente quem ela é. O fato de não estar presente ao casamento fez as pessoas perguntarem: "Onde está Lola?" Assim, ela se tornou mais visível graças a sua ausência.

Podemos perceber que Lola tinha raiva de Caz e do mundo. Ela projetou na irmã suas frustrações em relação à maneira previsível como as outras pessoas tratavam "as gêmeas". Parecia achar que elas eram tratadas como uma unidade porque as pessoas favoreciam Caz. Isso dava todo o poder a Caz, o que, por sua vez, dava a Lola todas as desculpas para procurar maneiras de fugir. "Fuga" e "ausência" tornaram-se a principal maneira de sentir sua individualidade.

Definindo a si mesmo

Se você se identificou com a história de Lola e se sente frustrado por sua condição de gêmeo, anote o que o faz sentir quem você é; tanto os aspectos positivos quanto os negativos. Cerque-se de pessoas que o respeitem e que lhe permitam florescer. Isso não apenas vai fortalecer o seu Ego como vai ajudá-lo a superar quaisquer ressentimentos que tenham permanecido. Ao mesmo tempo, procure entender como o seu irmão gêmeo se sente. Se vocês se sentirem prontos para uma conversa, naveguem por um caminho de respeito mútuo, embora talvez tenham de acabar concordando em discordar sobre as delícias e as mazelas de serem gêmeos.

DICA

Para combater limites não muito claros, escreva o que o faz sentir-se "você" – tanto os seus valores (e aí estão incluídos respeito, dignidade, honestidade, lealdade) quanto sua visão de mundo (política, moda, comida, música, etc.). Definir a si mesmo é um passo crucial para assumir responsabilidade por sua vida e suas escolhas.

A testemunha de nossa infância

Somente as crianças imaginam que um irmão é alguém que irá legitimar suas próprias experiências – uma pessoa que vai testemunhar sua infância e concordar com todas as interpretações sobre ela. Mas nem sempre os irmãos nos oferecem esse tipo de companheirismo ou de alívio – na verdade, muito pelo contrário. Uma causa comum de ressentimento na idade adulta é esse desequilíbrio de experiências.

A carta de Andrew:

Meu irmão mais velho, Adam, era o favorito de nosso pai. Embora criasse os maiores problemas na escola, ele nunca era punido. Comigo, no entanto, papai era sempre agressivo. Lembro-me bem de certa vez que ele me bateu porque não consegui notas máximas no teste de matemática. Hoje, meu pai está doente – Adam me disse que ele está morrendo –, mas fico relutante em me envolver. Adam está zangado por eu não ter ido ao hospital e está sempre me ligando para me lembrar do pai maravilhoso que tivemos. Isso só me deixa mais zangado, pois não foi essa a experiência que tive com ele. Como fazer com que meu irmão entenda o meu ponto de vista?

Atenciosamente, Andrew

Como você já pode imaginar, Andrew e eu trabalhamos arduamente para processar sua raiva reprimida e sua tristeza em relação ao pai. Mas essa história também nos oferece uma cruel ilustração de um dos problemas de relacionamento entre irmãos, que ocorre quando eles não conseguem desfrutar a experiência um do outro.

Andrew tem uma visão do pai, e Adam tem outra totalmente diferente. O que Andrew desejaria mesmo é que o irmão reconhecesse, em alto e bom som, que a infância que tiveram com o pai fora vivida de maneira radicalmente diversa pelos dois filhos e que ele compreendesse a aversão que sentia por aquele homem. Mas isso significaria tentar mudar Adam, o que seria impróprio.

Com o passar do tempo, Andrew aceitou visitar o pai no hospital, com a condição de que Adam concordasse com um encontro posterior a sós entre os dois irmãos. O encontro de Andrew com o pai foi breve. Ele se sentou ao lado da cama de um velho que estava morrendo de enfisema e, em silêncio, reconheceu o seu pesar por aquele homem não ter sido o pai de seus sonhos. Mais tarde, no encontro com o irmão, em um movimentado bar ao lado do hospital, Andrew conversou com Adam sobre suas lembranças do pai e da infância que passaram juntos. Após o encontro, Andrew comentou comigo sobre a felicidade e sensação de bem-estar que sentira por ter tido coragem de expor sua experiência para o irmão, embora Adam não tivesse entendido ou concordado com seu ponto de vista.

Andrew e eu também trabalhamos o fato de que Adam sempre fora o filho preferido, mas que isso não era culpa dele. Ao superar o ciúme que sentia, Andrew não sentiu mais a necessidade de ficar com raiva do irmão por ele não compartilhar da mesma perspectiva sobre aqueles tempos.

Validando a sua experiência

Se você se identificou com a história de Andrew e percebe que você e seus irmãos não possuem a mesma visão de tudo o que viveram na infância, assuma a sua versão e quaisquer dores ou mágoas que tenha sentido. Embora seja sempre confortável obter uma reação que comprove a nossa experiência, aprenda que o simples fato de levar a sério essas experiências também pode fazê-lo sentir-se amparado e compreendido.

Evite culpar o irmão que foi favorecido pela família e tente entender que ele não tem culpa de ter recebido esse papel. Isso irá ajudá-lo a lidar com todos os ressentimentos causados por toda a atenção que ele recebeu de seus pais enquanto você foi posto de lado.

DICA

Dê a si mesmo o direito de sentir-se diferente de seu(s) irmão(s) em relação à sua infância. Ao validar a própria experiência, você reafirma o seu direito de ser ouvido – ainda que somente por si mesmo.

Quando os pais se casam novamente

Quando uma nova família se forma, num segundo ou mais casamentos, ela pode herdar alguns traumas advindos dos núcleos originais de seus componentes, como a morte ou ausência de um dos pais, ou qualquer outro tipo de ruptura na estrutura familiar. Do ponto de vista das crianças, principalmente, são traumas que costumam gerar raiva e ressentimento. E não é nenhuma surpresa que a fusão de duas famílias possa afetar seriamente a dinâmica entre os novos irmãos.

A carta de Gary:

Jill, a filha do marido de minha mãe, e eu temos apenas 17 meses de diferença de idade, e, durante toda a nossa vida, minha mãe nos estimulou a sermos amigos. Temos interesses e personalidades muito diferentes e só estamos na vida um do outro porque minha mãe e o pai dela se casaram, forçando dois filhos únicos a se tornarem irmãos. Agora, chegamos a um ponto em que, no máximo, enviamos um ao outro mensagens de texto em nossos aniversários e nos tratamos civilizadamente nos encontros familiares. Eu não me interesso nem um pouco pela vida dela. Será que eu deveria tentar me aproximar?

Atenciosamente, Gary

Na vida adulta, Gary e Jill não se odeiam, mas existe uma falta de intimidade que nunca foi discutida abertamente. As tentativas dos pais de forçar os irmãos a serem amigos costumam produzir o efeito contrário, uma vez que as crianças gostam de descobrir maneiras de se rebelar. E, como esse foi sempre o caso de Gary e Jill, eles permanecem, até hoje, sem saber como se dar bem um com o outro ou criar laços que nunca existiram.

Quando Gary se pergunta se deve se tornar amigo de Jill, ele faz parecer que isso é uma obrigação. Os terapeutas costumam ficar inquietos diante do que é conhecido por tirania do "dever". Essa ideia de que devo fazer isso ou devo fazer aquilo sufoca nossas escolhas e requer que nos comportemos de acordo com os desejos dos outros.

Não é de estranhar que Gary não tenha nenhuma ideia de como Jill se sente sobre a situação. Eles conseguiram passar 30 anos sem tocar no assunto. E ainda que Jill pudesse ter adorado manter um relacionamento mais próximo, Gary não demora a nos lembrar de que ela não fizera nenhum grande esforço para isso.

Gary e eu analisamos o que seria para ele um relacionamento mais autêntico com Jill. Gary fantasiou que sua mãe morrera e que ele e Jill fizeram um discurso juntos no funeral. Quando sugeri que isso soava como se ele tivesse a necessidade de "destronar" a mãe antes que ele pudesse criar um relacionamento mais realista com Jill, ele se lembrou de que, muitos anos antes, sua mãe lhe pedira que pagasse algumas dívidas de Jill, algo do qual ele se ressentia até o presente.

Exploramos seus sentimentos em relação ao surgimento daquela nova família e às suas frustrações ao ser forçado a levar uma vida como se eles formassem uma unidade, um mito que ele sempre quisera derrubar. Assim que Gary se permitiu reconhecer os próprios sentimentos negativos relacionados aos eventos da infância, sentiu-se em melhor posição para, à sua maneira, pensar em criar um relacionamento com a meia-irmã adulta. Eles não são amigos, e provavelmente nunca serão, mas Gary está preparado para descobrir se há condições para forjar um laço fraternal realista fora dos encontros familiares mais estruturados.

Negociações adultas

Se você se identificou com a história de Gary e está imaginando se deve ou não construir um relacionamento melhor com um meio-irmão, retorne mentalmente ao passado, quando essa nova família foi criada. Quais eram os seus sentimentos naquela época e como – se for o caso – seus sentimentos foram reconhecidos pelos adultos?

Quando tiver processado esses antigos sentimentos, as emoções do presente relacionadas aos seus meios-irmãos podem mudar. Por exemplo, pode ser que você consiga enxergá-los como adultos e não como crianças que entraram em sua vida sem que você pedisse. Analise que tipo de relacionamento você quer ter com eles e verifique se você deseja isso por si mesmo, ou se é apenas para agradar a outra pessoa.

DICA

Considere a possibilidade de conversar com seu meio-irmão para determinar se ele se preocupa com a qualidade do relacionamento entre vocês. Essa conversa pode ser o primeiro passo para construir na vida adulta um laço que, por um motivo ou outro, ainda não se formou.

Lidando com padrastos, madrastas e enteados

Durante a junção de duas famílias para a formação de uma nova unidade familiar, a criança precisa descobrir como viver nesse espaço desconhecido, habitado por novos irmãos. Os conflitos relacionados ao território podem ser intensos quando uma família se muda para a casa da outra. E se estamos acostumados a ter nosso lugar na ordem de nascimento, isso também pode acarretar mudanças da noite para o dia, gerando ressentimentos futuros.

Entretanto, como acontece à maioria das rivalidades, não é de todo ruim que meios-irmãos nem sempre tenham um bom relacionamento. Agora eles têm a chance de experimentar novos papéis, novos relacionamentos, o que é sempre benéfico.

Uma comunicação bilateral é a chave para essa situação, para que todos os irmãos possam falar como se sentem em relação à recém-formada unidade familiar e se sentir ouvidos. Novas regras de convivência também são vitais para que todos os filhos sejam tratados com justiça. As crianças lançadas nesse novo sistema podem nunca se tornar amigos próximos, mas, com o passar do tempo e com as oportunidades de dividir experiências, elas podem vir a desenvolver laços de afeto.

Conflitos não resolvidos

Se tensões ou conflitos no relacionamento entre irmãos não forem resolvidos, eles podem ser vividos na geração seguinte.

A carta de Nancy:

Dos 7 aos 11 anos eu sofri abuso verbal e físico por parte de meu irmão Chris. Com exceção de minha mãe, nunca contei isso a ninguém de minha família e, até hoje, tenho extremo cuidado quando participo de reuniões familiares. Ele e eu temos filhas de 7 anos, e ele acaba de sugerir que minha filha passe um tempo com ele para que as primas possam se conhecer melhor. Entretanto, há pouco tempo minha filha me disse que, nas festas em família, a prima a belisca e chuta. Meu marido e eu estamos tentando ganhar tempo, mas o resto da família já começou a perguntar por que estamos estragando o prazer de nossa filha. Se eu disser qualquer coisa, será como a explosão de uma bomba. O que devo fazer?

Atenciosamente, Nancy

A ideia de ver a filha no território de Chris amedrontava Nancy. Compreensivelmente, ela se identificava com a filha e se recusava a colocá-la em uma situação semelhante à que vivera na infância. Mas fiquei intrigada quando ela disse que tinha medo de que, se explicasse as razões de sua decisão, uma bomba explodisse sobre a família.

"O Outro" na situação de Nancy não era apenas seu irmão Chris, mas toda a família – que ela acreditava que poderia se unir contra ela e o marido. Quando perguntei como ela se sentiria nessa situação, Nancy chorou ao se lembrar de como a mãe reagiu quando ela reclamou dos abusos físicos do irmão, não dando nenhuma importância e dizendo que ela deveria aprender a enfrentar as próprias batalhas. O que assombrava os pensamentos de Nancy era o medo de "virem a público" os maus-tratos que Chris lhe impusera na infância e a mãe, mais uma vez, lavar as mãos. Nancy temia sentir-se sem apoio, como quando era criança. O desespero revelado na última linha da carta de Nancy nos dá uma ideia do sofrimento que vivenciou.

Nós nos concentramos em fazer com que Nancy percebesse que, embora se sentisse desprotegida e impotente quando pequena, ela hoje não é mais aquela criança. É uma mulher adulta, com habilidades e recursos, além de ter a seu lado um marido compreensivo. Ao conversar sobre a raiva e a frustração do passado e sobre o relacionamento com Chris no presente, Nancy começou a se sentir mais confiante em relação às suas crenças e ao seu código moral. Analisamos o quão inaceitável é o abuso físico e como, na qualidade de membro da família, Nancy está em uma posição apropriada para desafiar o comportamento fisicamente abusivo da sobrinha.

Também debatemos se o fato de falar com a família em nome da filha não seria uma forma de acalmar a sua criança interior, retrospectivamente, por não ter sido compreendida e apoiada pela mãe naquela época. No entanto, Nancy me disse que era mesmo a filha a pessoa a quem queria acolher e apoiar, ao tomar uma atitude direta.

Nancy não implorou ao irmão que conversasse com a própria filha sobre seu comportamento, o que seria o mesmo que dar a Chris o poder de lidar com o problema. Em vez disso, no encontro familiar seguinte, quando ela se sentiu mais uma vez pressionada a deixar a filha ficar na casa de Chris, Nancy colocou-se diante de todos e disse que não aprovava crianças que agrediam as outras e que ela não diria para a filha socializar-se com a prima enquanto ela não mudasse de comportamento. Então, virando-se para Chris, ela acrescentou que jamais aprovara aquela atitude, nem mesmo quando Chris era mais novo. Aquelas foram frases que Nancy e eu praticamos repetidas vezes até que o estabelecimento de tais limites soasse natural e bastante autêntico para ela. Em vez de reviver o passado, ele foi usado para remodelar o presente.

Lidando com os segredos do passado

Se você se identificou com a história de Nancy e alguns segredos de seu passado deixaram de ser tratados abertamente, tenha compaixão por suas fraquezas da infância, quando você possuía menor capacidade de se proteger. Ao mesmo tempo, identifique seus pontos fortes e suas habilidades como adulto, assim como o seu grupo de apoio através de amigos e, talvez, de um cônjuge. Pratique dizer a alguém, com educação, mas com firmeza, que seu comportamento foi ou permanece inaceitável. Isso lhe dará tempo para entender seus próprios sentimentos, para articulá-los em suas próprias palavras e para sentir-se confiante se, ou quando, decidir falar com a pessoa interessada.

DICA

Trabalhe para respeitar e fazer valer seu próprio Eu e seus valores. Proceda de forma responsável, demonstrando um comportamento correto em relação aos outros – a mesma correção que você requisita para você e para sua família.

Colocando-se como um exemplo a ser seguido

Como estamos vivendo mais e temos novos relacionamentos e filhos quando envelhecemos, as famílias se formam com uma grande diferença de idade entre os irmãos.

A carta de Esther:

Tenho hoje 27 anos. Aos 13, eu me meti com drogas. Minha mãe me colocou para fora de casa quando eu tinha 16, e morei em uma casa abandonada durante três anos. Acabei conhecendo um homem, livrei-me das drogas por ele, consegui um bom emprego e me esforcei muito para consertar meu relacionamento com minha mãe. Hoje, minha meia-irmã, Eleanor, parece estar seguindo o mesmo caminho que eu. O problema é que ela não me vê como irmã, mas como uma mulher adulta e sem graça. Como posso passar para ela minha visão tão duramente conseguida de que as drogas são uma péssima ideia e de que ela devia se concentrar mais nos estudos?

Atenciosamente, Esther

Ocorreu-me a ideia de que Esther estava minimizando seus anos rebeldes quando falou de ter se metido com drogas. Para que a mãe a tivesse colocado para fora de casa, as coisas deviam estar realmente ruins. Entretanto, agora, aos 27 anos, é difícil imaginar esse passado tão intenso. Com um bom emprego e um namoro firme, ela se mostra convencional e madura, o que pode fazer com que seja mais difícil para Eleanor levar a sério suas advertências.

Analisamos o que estava acontecendo com Esther quando ela se rebelou e ficou claro que o problema estava ligado à chegada em cena de seu padrasto, o pai de Eleanor. O comportamento ruim que levou Esther a ser expulsa de casa começou no momento em que o aconchegante relacionamento com a mãe, quando eram apenas as duas, foi alterado com a chegada do padrasto.

Esther acredita que Eleanor esteja se sentindo perdida e confusa, como é típico dos adolescentes e como ela também se sentiu. Ao tentar evitar que a meia-irmã cometa os mesmos erros, ela também está tentando reparar algo em seu passado. Sendo muito mais velha, Esther possui sabedoria e experiência para compartilhar. Mas, por enquanto, a diferença de idade significa que as irmãs ainda não se conectaram intimamente e, assim sendo, os conselhos de Esther soam maternais demais, adultos e desinteressantes.

Decidimos abordar o dilema de Esther devagar, procurando maneiras pelas quais ela poderia desenvolver uma amizade moderada com Eleanor, sem trazer à tona o assunto das drogas ou das faltas na escola. Elas compartilharam experiências como irmãs e, mais tarde, como amigas, indo ao cinema, saindo para fazer compras e tendo conversas estereotipadas, porém significativas sobre maquiagem, menstruação e namorados.

Foi então que Esther percebeu que nunca tivera ninguém para fazer isso com ela quando tinha a idade de Eleanor. Ela começou a mencionar esse fato, o que fez com que a meia-irmã tivesse algum entendimento sobre como fora a vida para a irmã mais velha. Em vez de reclamar, Esther mostrou seu lado vulnerável, algo com que Eleanor se identificou. Isso aprofundou o nível das conversas. Durante um curto período de tempo, a autoestima de Eleanor melhorou, assim como seu desempenho escolar. E Esther descobriu ali um relacionamento que ela nem percebia que lhe fazia falta.

Formando laços pertinentes

Se a história de Esther lhe soou familiar, tome cuidado para não dar conselhos onde não existe um relacionamento. Na vida, algumas vezes, precisamos aprender a deixar as pessoas cometerem seus próprios erros.

Mesmo assim, crie laços baseados em bondade e mantenha um relacionamento adequado à idade, sem sufocar seu familiar com informações "adultas". Aproveite seu tempo ao lado dele e deixe que os conselhos fluam de forma natural. Evite conversar com ele apenas sobre o que ele não deve fazer, caso contrário ele pode se afastar de você ainda mais.

DICA

Abra a sua mente para conhecer melhor quem é o seu meio-irmão e esteja preparado para se abrir sobre si mesmo.

Culpa de sobrevivente

Algumas vezes sentimos que nossa vida é influenciada por irmãos, mesmo quando eles não estão mais entre nós.

A carta de Peter:

Tenho quase 28 anos, mas não consigo fazer com que meus pais me aceitem por quem sou. Hannah, minha irmã mais nova, morreu com poucas horas de vida, e, desde então, sempre senti que a criança errada sobrevivera. Quando adolescente, juntei-me a um grupo de garotos na escola e comecei a praticar furtos em lojas e a tirar péssimas notas. Mas, lá pelos 20 anos, tive um clique – comecei a trabalhar, economizei e hoje possuo meu próprio carro e um apartamento. Mas, lá no fundo, sei que meus pais se sentem decepcionados comigo porque não sou sua menininha. Como ser feliz com minha própria vida?

Atenciosamente, Peter

Peter sofreu uma forma de "culpa de sobrevivente", na qual ele carrega o fardo de que deveria ter morrido no lugar de Hannah. O ponto importante a ser observado é que, embora

Hannah tenha morrido há quase 25 anos, sua morte tornou-se parte da identidade de Peter.

Uma das primeiras coisas que Peter e eu exploramos foi se a decepção dos pais era explícita ou presumida; se era algo que estava somente na mente de Peter, que ele projetava em si mesmo. Peter precisava sair da sombra de Hannah.

Para tanto, Peter precisou fortalecer seu entendimento de si mesmo, enfatizando as atividades e conquistas que poderiam ajudá-lo a valorizar-se – incluindo ter orgulho de si mesmo por ter dado uma virada na vida depois dos anos de rebelião. Também trabalhamos para descobrir se as coisas que ele conquistou, como manter um bom emprego e comprar um apartamento, eram o que ele desejava, de verdade, da vida, ou se eram conquistas tradicionais que todos esperariam que Hannah alcançasse.

Nesse ponto, Peter reconheceu que um de seus sonhos era viajar para a Austrália e nadar na Grande Barreira de Corais. Sem perceber, ele evitara a busca dos próprios sonhos porque não se imaginava digno deles. Era como se o seu inconsciente o incomodasse, dizendo que alguém que furtava quando criança não merecia nadar na Barreira de Corais, ou que alguém cuja irmã tinha morrido cedo não podia ter o prazer de usufruir de alegrias verdadeiras.

Aqui vimos como o legado da morte de Hannah ainda estava sendo vivido no presente de Peter. É possível que os sentimentos dele (perda e tristeza, mas também culpa e confusão), que tinha apenas 3 anos na época da morte de Hannah, não tenham sido adequadamente tratados pelos adultos de sua vida naquele momento.

Quando ganhou confiança, ele se deu conta de que os comentários dos pais sobre Hannah eram apenas uma maneira de continuarem a se lembrar dela, e não um meio de compará-lo com ela de forma desfavorável. O que ele entendeu como decepção por parte dos pais, na verdade, eram tentativas de manter viva a memória da irmã. Quando Peter conseguiu, com bastante nervosismo, contar aos pais sobre seu plano de visitar a Austrália, a mãe começou a chorar – não de tristeza, mas de enorme alegria, por ver o filho desafiando-se e tornando sua vida excitante. Eles estavam preocupados com o fato de Peter ter se estabelecido cedo demais. Para eles, a Austrália era um sinal de que Peter estava disposto a ir atrás daquilo com que sempre sonhara na vida.

Vivendo a sua vida

Se você se identificou com a história de Peter e a morte de um irmão ainda afeta a sua vida, procure alguém com quem possa conversar sobre os seus sentimentos em relação a esse ente querido.

Se você se sente assombrado pela culpa, ou experimenta a sensação de ser uma decepção, examine se esses sentimentos vêm de seus pais ou dos seus próprios temores de inadequação. Trabalhe também no sentido de valorizar a si mesmo e de fortalecer a sua identidade. Isso vai ajudá-lo a sair da sombra de seu irmão e de suas lembranças.

DICA

Lute para abandonar qualquer culpa por ser "o filho que sobreviveu". Defina a si mesmo e suas ambições todos os dias, lembrando-se sempre de que você tem o direito de viver a sua vida.

O espectro das relações entre irmãos

Só porque você dividiu a sua infância com outra criança não significa que vocês irão, automaticamente, se entender bem para sempre. Todos temos necessidades diferentes de intimidade e de comunicação, assim como cada um de nós vivencia as experiências da infância de forma diferente. Mas, de alguma maneira, isso é ignorado quando se trata de irmãos.

Há irmãos que têm um ótimo relacionamento, comunicam-se uns com os outros e gostam de estar juntos. Mas existem aqueles que se odeiam e evitam uns aos outros. E, para alguns relacionamentos tóxicos, evitá-los é o melhor caminho para todos os envolvidos.

Mas entre esses dois extremos encontram-se os irmãos que só têm contato nos eventos familiares ou quando seus respectivos filhos estão brincando juntos; são gentis e civilizados, mas não se esforçam; mandam cartões nos aniversários e outras datas; e aqueles que dormem no mesmo quarto quando há encontros de família, mas mal se falam.

É sempre possível aperfeiçoar-se, se é isso que você deseja. Eu aconselho meus pacientes que têm irmãos a avaliar, primeiramente, se desejam melhorar a relação. Se o desejo for autêntico, é só descobrir o melhor caminho; pode ser escrever uma carta ou e-mail, ou ter um boa conversa. Se inventamos desculpas, adiamos as ações ou culpamos o outro, talvez, no fundo do nosso coração, não estejamos tão dispostos a mudar.

Muitos irmãos descobrem que a morte iminente de um dos pais pode atuar como um gatilho para que o relacionamento entre os irmãos avance para uma nova fase. Infelizmente, ele também pode deteriorar-se, por exemplo, com uma disputa pela herança.

Todavia, muitas pessoas descobrem que dividir a experiência do luto por um dos pais ou qualquer outro membro da família pode gerar boa vontade, calor e afeto para que a relação seja aprimorada e reforçada. Não é apenas nos romances, nos filmes e nas novelas que os irmãos que sempre consideramos as "ovelhas negras" voltam mudados, ou que, nos corredores dos hospitais, irmãos tenham conversas profundas, nas quais sentimentos são expostos e o ambiente deteriorado há décadas se purifica.

Qualquer que seja a sua idade, tentar negociar um caminho que leve a um relacionamento com um irmão nunca é energia desperdiçada. Ao contrário, é uma grande lição de vida para aprendermos a viver em um mundo repleto de outros indivíduos que irão competir conosco.

CAPÍTULO 6

Parentes

O relacionamento ruim com a família do parceiro tem sido, ao longo dos séculos, motivo de piadas. Sogras terríveis, por exemplo, já faziam parte dos *Contos da Cantuária*, de Chaucer, escritos no século XIV.

Como é possível que essas relações ainda sejam tão imensamente complexas e preocupantes? Quando casamos com alguém, casamos também com sua família?

"Ele é meu!"

Em um mundo ideal, o amor de nossos pais é incondicional. Nossos sogros – se sentem algum amor por nós – nos amam mais condicionalmente, com um olho em nossa adequação como companheiros de seus filhos e o outro em como essa parceria ameaça a relação que sempre tiveram com seus rebentos.

A carta de Andrea:

Minha sogra é extremamente competitiva e crítica e não consegue perceber que o filho escolheu casar-se com uma mulher capaz de administrar uma casa, trabalhar fora e educar filhos. Eu mal posso tolerar as insinuações sarcásticas dela de que não sei cozinhar (meu marido e eu gostamos de cozinhar juntos; é nosso tempo especial para conversar durante o dia) e os comentários de que não consigo pronunciar o nome holandês de meu marido (sou formada em línguas). Agora, ela quer tomar conta de nossa festa de 10 anos de casados. Meu marido tentou conversar com ela, que se recusa a ouvir, literalmente cobrindo as orelhas. Minhas amigas acham graça porque enxergam os maridos como a "criança extra" do casamento, mas no meu a criança extra e exigente é minha sogra. Como dizer a ela para se afastar?

Atenciosamente, Andrea

Ao criticar Andrea e tentar intrometer-se na festa de aniversário de casamento, a sogra está tentando compensar o que ela acredita que Andrea lhe tomou. Ela sabe que Andrea é competente. Tem inveja da nora (da vida de Andrea, de sua juventude, de seu relacionamento com o marido), e esta é uma emoção altamente corrosiva e destrutiva.

O comportamento em geral e as mãos sobre as orelhas sugerem que a sogra regrediu até a infância. Mulheres desse tipo costumam negar seus desagradáveis sentimentos em relação às noras e, portanto, não entendem que, no fundo, elas têm, *sim*, a intenção de magoar. Infelizmente, o que a sogra de Andrea pode não enxergar é que, ao atacar uma das metades do casal, ela pode afastar também o próprio filho.

Assim sendo, Andrea e seu marido precisarão estabelecer limites, de maneira gentil, porém firme – e ser consistentes ao colocá-los em ação. Por exemplo, usar afirmações ensaiadas quando a sogra começar uma de suas críticas usuais (por exemplo, "essa afirmação é indelicada e inexata") significa que o casal está demonstrando que mantém uma frente unida.

Se ela fizer críticas a Andrea na casa da nora, é aceitável explicar com firmeza, mas com cortesia, que esse comportamento indelicado não será tolerado. Isso pode levar tempo, mas a consistência da união vai fazer com que a sogra de Andrea tenha menos possibilidades de convencer a si mesma de que o filho só está fazendo o que a mulher pediu. Portanto, ela terá menos motivos para voltar-se para o filho na esperança de conseguir um resultado diferente.

Reforçar o senso de autovalorização de Andrea também é importante. Embora as críticas em relação ao modo como educa os filhos possam tirar um pouco de sua autoconfiança, se Andrea puder reforçar a própria fé em suas habilidades como mãe, será capaz de enfraquecer o efeito das críticas.

Outra forma de lidar com as críticas é dar à sogra o benefício da dúvida – ou, pelo menos, fingir que o faz. Andrea pode perguntar, mostrando-se genuinamente interessada, o que a sogra faria diferente, por exemplo, em relação à educação das crianças. É uma oferta para que ela seja parte da solução. Isso dará a Andrea a oportunidade de refletir sobre qual das duas opções ela prefere e decidir; sendo a mãe das crianças, é ela quem toma as decisões. Dessa forma, Andrea recupera o controle da própria vida, de sua cozinha e da educação dos filhos, ao mesmo tempo desarmando a sogra ao tratá-la com uma afável consideração.

Desarmando a sogra

Se você se identificou com a história de Andrea e tem uma sogra que se mostra hostil ou que interfere em sua vida, lembre-se de que, provavelmente, ela acha que perdeu a inexistente batalha pelo seu companheiro. Trabalhe no sentido de entender que, embora suas críticas pareçam pessoais, na verdade o alvo é a ideia de uma nora e o que ela representa. Procure reforçar a sua autoestima, lembrando sempre que você é boa mãe, ou bom pai, e que seu parceiro escolheu você por suas inúmeras qualidades.

Você pode também considerar a possibilidade de perguntar à sua sogra o que ela faria de maneira diferente em determinada situação – afinal, você não precisa seguir a sugestão que ela apresentar.

DICA

Estabelecer limites firmes tem a ver com cuidar de si mesmo, colocando estruturas ou regras para as suas interações com os outros. Por exemplo, se sua sogra for rude com você ou sua família, explique que ela não será bem-vinda à sua casa, ou que você vai desligar o telefone. Recrute o apoio de seu parceiro para delimitarem juntos as fronteiras. Dessa maneira, vocês se apresentarão como uma frente unida. Fronteiras não são ameaças. Elas apenas comunicam quais serão as consequências se alguém insistir em um comportamento difícil.

Valores conflitantes

Concessões e acomodação revelam atitudes positivas, mas a própria natureza da relação com os sogros pode tornar isso mais traiçoeiro.

A carta de Aileen:

Meu sogro esteve na Marinha e é assim que tento explicar por que ele é grosseiro e machista. Quando o conheci, fui capaz de me fazer de surda aos seus comentários ridículos, mas agora que tenho duas filhas, de 5 e 3 anos, estou nervosa, com medo de que elas aprendam esses valores quando visitarem os avós. Já recusei vários convites para que elas ficassem na casa deles – o que não passou despercebido

–, mas não me sinto à vontade para revelar o verdadeiro motivo. Meu marido diz que estou sendo exageradamente sensível, mas não quero minhas filhas ouvindo os absurdos que ele diz.

Atenciosamente, Aileen

O mais frustrante para qualquer um na situação de Aileen é que crianças são como esponjas. Elas absorvem todo tipo de informações durante a infância. A consequência disso é que, por mais que tentemos proteger nossos filhos, não temos como evitar que eles apreendam o que veem e ouvem na televisão, na casa do amiguinho, ou mesmo na rua.

Mais uma vez, uma frente unida é a melhor abordagem quando lidamos com problemas com sogros. Aileen não disse como era sua relação com a sogra, e sei que o marido tem apenas um irmão; se ele tivesse uma irmã, Aileen poderia (quem sabe) sentir-se menos apreensiva ao ver que a moça saiu-se bem na vida, apesar de ter tido um pai tão grosseiro e machista. Talvez o marido de Aileen pense mais ou menos assim: "Fui educado por esse homem e isso não me causou nenhum mal."

É preciso registrar que as coisas mudaram com o passar dos anos. Mas algumas pessoas não sabem – ou não querem saber – que certos comportamentos, como racismo e machismo, são vergonhosos e inadmissíveis. Aileen e o marido decidiram que ele falaria com o pai e ela sondaria a sogra. Afinal, não seria justo privar a avó da companhia das netas só porque o marido é um machista ignorante.

Aileen se sentiu no controle após conversar com a sogra e saber que ela também defendia padrões semelhantes aos seus, o que a deixou mais à vontade para planejar visitas futuras, tornando-a sua aliada para falar às meninas sobre o que é inaceitável, tanto em casa quanto fora dela.

Sustente os seus valores

Se você se identificou com a história de Aileen e tem sogro ou sogra que vivem com um código moral diferente do seu, reconheça que você não pode controlar os pais de seu parceiro, mas pode permanecer fiel aos seus próprios valores. Aceite o que está e também o que não está sob o seu controle. Estimule seu parceiro a conversar com os pais; e proponha-se a fazê-lo em conjunto se ele se mostrar apreensivo. Se você tiver filhos, explique a eles por que certos comportamentos são inaceitáveis, mesmo que os avós os adotem. Dessa maneira, sua postura mostrará a seus filhos que, embora eles visitem o avô, não precisam aceitar suas atitudes.

DICA

Sustente os seus valores, mesmo que seus sogros sejam dominadores e tenham visões opostas. A proximidade forçada desse relacionamento não deve ser desculpa para fazer concessões e abandonar seus valores.

Aniquilando os rivais

O que acontece com frequência nas famílias é que determinados comportamentos passam despercebidos (ou, mais provavelmente, não são desafiados) até a chegada de alguém de fora. Há quem considere a chegada de um genro ou nora, ou mesmo de um cunhado ou cunhada, tão ameaçadora que tente fingir que o rival não existe.

A carta de Tim:

Quando me casei, os pais da minha mulher já haviam morrido; achei então que não viveria as situações complica-

das, com sogro e sogra, que meus amigos costumavam descrever. Entretanto, minha cunhada, Susanna, agora se sente a matriarca da família. No dia em que me casei com a irmã dela (eu paguei pela festa), Susanna pediu que eu e outros dois cunhados saíssemos de perto para que as fotos pudessem ser apenas "da família". Nos funerais, Susanna planeja quem vai sentar onde na igreja, para que suas irmãs se sentem ao seu lado, enquanto maridos (como eu) têm de se sentar sozinhos, sem poder consolar seus parceiros. Eu sei, por conversas com a família, que não sou o único a achar o comportamento dela insultuoso, mas minha mulher não quer criar problemas. Devo dizer alguma coisa?

Atenciosamente, Tim

Tim, por ser alguém de fora, talvez possa enxergar mais claramente o jogo entre os membros da família. Susanna parece ser controladora. Sendo a mais velha de quatro irmãos, é possível que esse papel já lhe coubesse ou ela o tenha buscado. Essa postura tornou-se parte de sua identidade e a ideia de perdê-la a faz "representar" seu medo através de demonstrações públicas de que sua família está ao seu lado e os "de fora" – os rivais – estão afastados.

Aos olhos de Tim, há algumas opções para encarar a situação: ele pode ser o porta-voz da "facção" dos novatos no sistema familiar, um grupo menos tolerante com o comportamento atual; pode fazer piada das manipulações regulares de Susanna, tirando daí o conforto de saber que não está sozinho ao considerar ridícula sua conduta; ou, ainda, decidir enfrentar a cunhada somente quando o comportamento dela tiver um impacto direto na vida dele.

Pouco tempo depois de termos conversado pessoalmente, ele foi a outro evento e observou que os próprios parentes consanguíneos de Susanna não ignoravam suas atitudes e muitas vezes a desafiavam. Quando ela tentou excluir um cunhado de uma atividade da família, uma de suas irmãs disse: "Nada disso, Susanna, meu marido é a minha família."

Lidando com parentes

Se você se identificou com a história de Tim e percebe que um parente de seu parceiro deseja excluí-lo, console-se com o fato de que, embora o comportamento pareça estar voltado especificamente para você, na verdade essa é uma tentativa desesperada de recuperar o controle, feita por alguém que está morrendo de medo de que seu poder esteja sendo corroído. Os conflitos desse tipo se assemelham a lutas por território. Na maioria dos casos, a geração mais velha sente-se ameaçada pela mais nova, mas também podem acontecer entre pessoas da mesma geração. Com frequência, essas pessoas estão se lembrando de como a vida era aconchegante antes da chegada desses irritantes novatos.

Coordene uma frente unida com seu parceiro e identifique quem são seus aliados. Isso irá ajudá-lo a sentir-se mais apoiado e o impedirá de sentir-se sufocado quando estiver em família.

DICA

Estabeleça limites para você e seu parceiro; e, juntos, afirmem (talvez repetidamente) que certos comportamentos são inaceitáveis. Lembre-se: você tem o direito de tomar conta de si mesmo, e o estabelecimento de limites é a melhor forma de fazê-lo.

Uma falta de reconhecimento

Muitos conflitos com a família de nossos cônjuges ocorrem porque as linhas de poder estão mudando. O conflito é sobre essa inconfessa luta pelo poder. Como em todos os relacionamentos, permanecer fiel aos seus próprios valores é algo essencial. O relacionamento com esses novos familiares não deve forçá-lo a ir de encontro àquilo em que você acredita.

A carta de Francesca:

Minha filha e meu genro não ganham muito bem, por isso meu marido e eu pagamos a escola dos nossos netos gêmeos. Ficamos muito felizes com esse acordo e somos convidados para os eventos esportivos e muitos outros, mas, nos estudos, os meninos não estão se saindo como gostaríamos. Recebemos cópias de seus boletins e relatórios onde fica bem claro que ambos são conhecidos por toda a escola pelo seu mau comportamento. Meu marido disse: "Esses relatórios parecem os meus de quando eu era pequeno!" Tentei conversar com os pais, mas meu genro se coloca na defensiva, dizendo que eles são apenas crianças e que tudo isso vai mudar quando crescerem. Mas não consigo evitar me lembrar de que quem paga a escola sou eu! Não quero discutir com os dois, mas quais são as minhas opções?

Atenciosamente, Francesca

A frase que não me sai da cabeça é: "Quem paga a orquestra é quem escolhe a música."

Comprometer-se a pagar pela educação de alguém é como um investimento, e sempre desejamos obter os melhores resultados de nossos investimentos. Essa situação foi como um teste no relacionamento de Francesca com o genro. Talvez ele se sentisse pouco à vontade por não ser o provedor nessa questão. Isso explicaria sua postura defensiva e a falta de repreensão aos filhos pelas notas e pelo comportamento ruins.

A falta de investimento financeiro por parte dele também reduziu o seu comprometimento com esse aspecto da educação das crianças. Entretanto, isso não significa que Francesca e o marido devam abandonar seus valores em relação à necessidade de fazer com que os meninos trabalhem arduamente e respeitem aquilo que recebem dos outros; assim como não podem deixar de lado sua visão sobre o "investimento".

Pedi a Francesca e ao marido que (separadamente) fizessem uma lista de todas as conquistas que eles esperavam que os netos alcançassem. Francesca lembrou-se de que imaginara que os netos obtivessem, mais do que conquistas acadêmicas, acesso a novas amizades, ótimas instalações esportivas, um ambiente mais rural do que urbano, exposição às artes e muitos deveres de casa. E ela teve de admitir que o marido não se dera muito mal na vida, apesar das péssimas notas na escola.

Mas a lista também ofereceu a Francesa e ao marido a oportunidade de conversar sobre o assunto sob ângulos diferentes. Ao deixar claros os seus valores em comum sobre educação e disciplina, eles também dividiram seu incômodo em relação às atitudes despreocupadas do genro sobre o trabalho e o sustento da filha. Isso não era, necessariamente, algo em que pudessem se meter – a filha parecia feliz com o marido –, e eles se recusavam a desvalorizar o genro abertamente; mas ficaram satisfeitos por terem a mesma visão. (Meu pai uma vez brincou dizendo que Deus criou sogros, sogras, genros e noras só para unir contra eles casais que, de outra forma, estariam brigando.)

Mas Francesca e o marido perceberam que o que esperavam era uma "gratidão implícita" dos netos sob a forma de relatórios escolares perfeitos. Ao discutir a questão com a filha, ficou claro que ela não sabia o quanto os pais estavam decepcionados. Como as crianças não iriam demonstrar sua gratidão da maneira adequada, cabia à filha de Francesca e ao seu marido compensar esse déficit. Eles começaram a demonstrar sua gratidão através, por exemplo, de pequenos presentes ou cartões. E, ao mesmo tempo, o genro tornou-se mais estimulado a disciplinar os meninos.

Ajustando regras e valores diferentes

Se você se sentiu tocado pela história de Francesca e suspeita que seus padrões não são compartilhados por seu genro ou nora, faça uma lista de seus valores e crenças. Esse registro visível daquilo que você considera importante vai fortalecer sua integridade e sua vontade de manter-se fiel àquilo em que acredita, além de ajudá-lo a tratar genros e noras da maneira como faria com qualquer outra pessoa a quem estivesse oferecendo ajuda. Certifique-se de que seu filho ou filha e seu parceiro saibam quais são as regras básicas de sua vida, mas também tome cuidado para não se prender a elas à custa de todo o resto.

DICA

Retorne aos primeiros princípios que o levaram a fazer determinadas escolhas e verifique se eles ainda são válidos para você. Isso vai fortalecer a sua confiança na hora de defendê-los.

Perdendo o contato: o acesso dos avós

Infelizmente, de vez em quando a dinâmica do relacionamento com a família do companheiro indica que não temos o poder que gostaríamos de ter sobre um parente.

A carta de Derek:

Minha mulher e eu estamos em uma situação bem difícil. Nosso filho e sua namorada separaram-se de maneira pouco amistosa, e nossa "nora", Belle, voltou para a França, seu país de origem, com nosso único neto, Sam. Belle deixou bem claro que não deseja a nossa presença. Estamos muito abatidos, já que Sam é um garotinho maravilhoso e sentimos imensas saudades dele. Apesar de amarmos muito nosso filho, sabemos que ele não foi nenhum santo em toda essa confusão e realmente sentimos por ela também. O que podemos fazer para manter Sam e Belle em nossas vidas?

Atenciosamente, Derek

A triste verdade é que, no Reino Unido, avós não têm direitos automáticos de contato com os netos. E embora as varas de família daqui reconheçam o valioso papel que os avós desempenham na vida dos netos e, muito raramente, recusem esse acesso, nem todo mundo deseja seguir pelos caminhos de uma disputa judicial.

A dor pela perda de contato com quem amamos é grande, especialmente quando muito pouco fica sob nosso controle. Após o trauma da separação, Belle fez suas escolhas e, por enquanto, Derek e a mulher precisam respeitá-las para não afastar a "nora" e o neto ainda mais.

A boa notícia é que, indo ao encontro dos desejos de Belle, Derek e a mulher demonstram que estão ouvindo o que a ex-namorada do filho tem a dizer, uma postura que mostra enorme afabilidade. Afinal, todo mundo anseia por ser ouvido.

Na prática, Derek e a esposa precisam assumir a grande tristeza que sentem diante dessa situação e prantear o que, assim esperamos, seja uma perda temporária. Eles precisam de tempo para ser complacentes consigo mesmos e um com o outro e procurar novas formas de preencher o vazio deixado por Belle e Sam.

Esboçamos uma carta para Belle e Sam, na qual Derek e a mulher simplesmente expressam sua tristeza pela situação e sua simpatia pela mãe de seu neto, sem mencionar nada sobre futuros encontros. Sam já tem quase 7 anos; portanto, Derek e a mulher devem sempre lembrar-se de aniversários e Natal, algo que ambos desejam continuar a fazer, enviando presentes e cartões.

Demonstrando respeito

Se sua situação atual é parecida com a de Derek e você está enfrentando a falta de contato com alguém a quem ama, dê a si mesmo um tempo para assumir a sua tristeza e ser complacente consigo mesmo, como se estivesse de luto.

Mantenha contato porque você deseja fazê-lo. Tal gesto deve expressar seu espírito de generosidade e jamais ter como objetivo receber algo em troca (um cartão, um encontro). Ao se comportar dessa forma, você estará protegendo a si mesmo da decepção que poderá ter caso suas esperanças não sejam concretizadas; estará oferecendo livremente a si mesmo, seu tempo, seu dinheiro ou suas emoções, sem dar a ninguém, exceto a você próprio, o poder de fazê-lo sentir-se realizado ou completo.

DICA

Apesar da dor, demonstre um respeito magnânimo pelos desejos do seu genro ou nora.

Sendo o cuidador

Estamos vivendo mais e, consequentemente, envelhecendo mais. E é natural haver, no seio de toda família, a preocupação com os idosos.

A carta de Davina:

Quando minha sogra morreu, as conversas da família deixaram claro que todos esperavam que meu marido Mark e eu convidássemos seu pai para morar conosco, já que nossa casa é bem grande e moramos mais próximos a ele – o que tornaria a mudança menos traumática. Em minha opinião, meu marido não defendeu suficientemente a nossa família, e meu sogro mudou-se para nossa casa. Eu trabalho em casa e Mark viaja a negócios com frequência, o que faz de mim a principal cuidadora de um homem de quem não gosto. Ele faz críticas o tempo todo, não gosta que meus filhos adolescentes ajam de acordo com a idade e, em geral, emana energias negativas. Eu costumava enxergar meu lar como um santuário, mas a chegada dele estragou tudo isso. Estou chegando ao meu limite.

Atenciosamente, Davina

O trabalho do cuidador é muito difícil, exaustivo e, com frequência, ingrato. Ter angariado a simpatia da família por ter assumido esse papel não suplantou os ressentimentos e as dificuldades da vida diária. Davina sentiu que seu lar foi prejudicado pela presença constante do sogro e também mencionou que teve prejuízos no trabalho. Cuidar de alguém em especial pode significar, por vezes, descuidar-se das necessidades dos demais. A prioridade de Davina, além de concentrar-se nos filhos e no casamento, precisava ser a recuperação de seu espaço e de sua autovalorização.

Alguns podem achar que cuidar dos parentes mais velhos faz parte do "sacrifício", das obrigações relacionadas ao fato de nos casarmos e fazermos parte de uma nova família; ou que podemos julgar uma sociedade pela maneira como trata seus idosos. Mas deve haver limites. Davina sentia-se acuada e seu ressentimento vinha de sua sensação de impotência. Muitas pessoas na mesma situação falam de perder a identidade. *Dizer sempre "sim" aos outros massacra a nossa identidade.*

Eu e Davina trabalhamos juntas para desvendar seus sentimentos em relação ao marido, que, em sua opinião, não enfrentou os outros membros da família quando pediram que a esposa e ele assumissem o papel de responsáveis pelo pai. Ela conversou com ele sobre recuperar a própria vida. Falou de sua intenção de alugar uma sala, um escritório, que lhe daria a possibilidade de trabalhar de forma ininterrupta em determinadas horas da semana. Isso também resultou na necessidade de pagar por um cuidador que viesse nesses mesmos dias. Quando o marido reclamou do custo, Davina explicou que alguns dos parentes do marido deveriam ajudar financeiramente, já que, naquele momento, ela e o marido estavam economizando uma fortuna para o restante da família. Ela foi cuidadosa o bastante para apresentar um cálculo dos custos.

Davina também planejou uma noite por semana para uma aula de salsa e outra noite para ir à pizzaria com as crianças. Mais uma vez, o sogro precisaria de cuidados, ou talvez o marido pudesse ficar com o pai nessas noites. Foi nesse momento que o coração mole do marido foi confrontado com os custos financeiros, emocionais e de tempo gerados pelo fato de ter o pai morando em sua casa, algo que seu trabalho o impedira de enxergar.

Na discussão, Davina deixou claro para o marido, de maneira gentil, porém assertiva, que outros membros da família precisavam fazer a sua parte em termos de tempo e dinheiro. Esse era o seu limite e, para a sua sanidade, ela precisou estabelecê-lo.

Estabelecendo limites

Se você está passando por uma situação parecida com a de Davina, deixe de lado o orgulho e o medo de pedir ajuda aos outros. As pessoas gostam de se sentir úteis e, em geral, ficam lisonjeadas quando são requisitadas.

Além disso, aceite o fato de que você pode não receber nenhum agradecimento da pessoa de quem está cuidando. Mas converse com seu companheiro ou outros membros da família para assegurar-se de que algum tipo de gratidão lhe seja demonstrado por todos os seus esforços.

DICA

Estabeleça os limites de seu trabalho como cuidador e reserve o tempo necessário para usufruir de outros relacionamentos em sua vida. Talvez esses limites precisem ser definidos dentro do casamento, assim como com as pessoas de fora. Dessa maneira, você dará a si mesmo permissão para recuperar o seu espaço e a sua autovalorização.

A necessidade de uma separação saudável

A maior dificuldade no relacionamento com familiares do cônjuge é que, para os pais, o parceiro do filho é uma lembrança constante de que a relação entre pai e filho não é mais a mesma. E como alguns filhos não conseguem fazer essa transição – da família original para a nova composição familiar – de forma saudável, o genro ou nora podem receber a culpa por todo e qualquer aborrecimento.

Problemas com a família do companheiro têm o potencial de destruir casamentos. A chave para a solução é definir e estabelecer limites adequados desde o início, o que tem a ver com *assumir responsabilidade pela maneira como nos permitimos ser tratados.*

Guia de sobrevivência – para a geração sênior

De acordo com o guia de sobrevivência, os familiares da geração "sênior" devem ser cautelosos e não ter a expectativa de que vão determinar as regras. Eles precisam reconhecer a natural e necessária mudança do filho para longe dos pais na formação de um casal. Querer ser prioridade na vida do filho, assim como ignorar ou menosprezar o parceiro dele, é inaceitável. É natural e apropriado para um cônjuge amar e ser leal aos pais, mas a geração "sênior" precisa aceitar que a lealdade primária, agora, deve ser para com o companheiro e o relacionamento. Por outro lado, é importante que os filhos se lembrem de que ainda podem e *devem* amar seus pais, mesmo desaprovando o seu comportamento.

Guia de sobrevivência – para a geração júnior

A geração "júnior" deve ser complacente diante da inveja dos sogros, mas precisa permanecer forte e não ter medo de desafiar comportamentos perturbadores em relação a vocês ou a seus filhos. Se uma esposa tem um problema com a sogra, o marido deve ajudar a resolvê-lo; da mesma forma, se o marido tem dificuldades com os sogros, cabe à mulher intervir para resolver a questão. E, se necessário, o casal precisará se unir para enfrentar o que vier pela frente.

Acima de tudo, estabeleçam limites firmes desde o início e, especialmente se houver filhos, reconheçam que é importante por vezes concentrar-se em si mesmos, não se deixando abater por quaisquer perturbações geradas pelos avós (mesmo que muitas vezes não tenham essa intenção).

E, para ambos os lados, tenham sempre a esperança de que tudo pode melhorar.

CAPÍTULO 7

Filhos

Nosso relacionamento com nossos filhos tem o potencial de nos dar alegrias imensas, recompensando-nos pelos anos de privação de sono, de preocupação e de ansiedade que experimentamos. Mas também pode nos magoar de forma desmedida se for marcado pelo desleixo em relação às nossas regras e à nossa existência. O ideal é que possamos manter uma relação agradável com nossas crianças quando elas se tornam adultos.

Antigamente, os filhos não eram ouvidos. Na verdade, toda a noção de infância não passa de uma construção do século XVII, quando pensadores liberais sugeriram que as crianças deveriam receber um período de "santuário" antes de ser expostas aos sofrimentos (trabalho, por exemplo) da vida adulta. Até hoje, algumas comunidades no mundo não têm muito clara a distinção entre crianças e adultos, enviando crianças para trabalhar assim que aprendem a andar e procurando casá-las antes da puberdade.

No Ocidente, a paternidade se tornou algo extremamente focado na criança. E como a sociedade está se tornando cada vez mais psicologicamente esclarecida, temos consciência de que alguns dos métodos antigos, de distanciamento e disciplina severa, podem ser contraproducentes. Entretanto, existe outra escola de pensamento que sugere que talvez estejamos fazendo demais por nossos pequenos, criando toda uma geração de narcisistas que acredita que o mundo gira em torno dela, sem possuir recursos e resistência emocional para funcionar de maneira adequada na vida adulta. Não é de admirar que os pais se sintam sob tanta pressão para acertar.

Popularidade

Os pais se preocupam muito se seus filhos têm amigos ou não.

A carta de Tania:

Minha filhinha, Natalie, tem 6 anos. Embora pareça feliz em casa, a escola relata que ela prefere brincar sozinha e não tem uma melhor amiga. Na escola existe uma regra segundo a qual a turma inteira deve ser convidada quando houver uma festa de aniversário; portanto, ela vai à casa de outras meninas. Mas quando sugiro fazer uma festa ou chamar alguém para dormir em nossa casa (dizendo que vamos assar bolinhos, algo que ela ama fazer comigo), ela se recusa a conversar sobre o assunto. Devo me preocupar, ou ela vai vencer essa timidez com o tempo?

Atenciosamente, Tania

A primeira coisa que Tania precisou analisar foi a qualidade da timidez de Natalie. Esse jeito dela é uma forma de ficar em paz consigo mesma, ou será que ela estava estressada ou zangada com algo?

A comunicação aberta é a chave para todos os relacionamentos; portanto, sugeri que Tania conversasse suavemente com a filha, primeiro sobre a escola. Talvez ela estivesse achando tudo muito sufocante: o grande número de alunos, a hora do almoço em grupo ou o tamanho do pátio. Com o tempo, Tania poderia perceber o que agradava e o que desagradava à menina na escola e descobrir se existia algo ou alguém que a estivesse perturbando. O bullying não poderia ser descartado; então, a linha de questionamento deveria ser afetuosa, gentil e casual para que Natalie pudesse se abrir sobre qualquer coisa que a estivesse fazendo sentir-se desconfortável.

Tania e eu também pedimos que as professoras nos ajudassem a reforçar a confiança de Natalie na escola. Dar a uma criança tarefas especiais para fazer na sala é algo que costuma levantar o moral. Mas algumas crianças detestam ser consideradas as favoritas da professora quando são escolhidas para fazer algo, e elas "representam" a sua relutância afastando-se ainda mais e mergulhando na timidez ou tornando-se indisciplinadas em sala de aula. Portanto, os métodos para tirar Natalie daquela situação precisariam ser criados sob medida para ela.

Havia ainda outra questão a ser levada em conta – a casa de Natalie. Essa poderia ser uma conversa mais difícil para Tania e Natalie. Algumas crianças relutam muito em permitir que o mundo exterior penetre em sua casa. Pessoas tímidas podem se sentir tão em paz em seu próprio mundo que não veem sentido em deixar que outros entrem nele. Há tímidos que têm vergonha da casa ou da família e estão sempre alertas aos julgamentos externos ou à aprovação de seus colegas. Tania acreditava que isso poderia ser outro assunto a tratar com as professoras, para ver se elas passsavam tarefas nas quais as crianças escrevessem sobre a própria casa e, dessa maneira, conhecer as ideias de Natalie.

Mas eu também não me esqueci de que Natalie era uma menina de apenas 6 anos, que estava na nova escola há somente dois semestres. Cada criança se adapta à sua própria maneira a novas situações. Portanto, embora sempre valha a pena ter conversas preliminares sobre como vão as coisas, é também importante ter paciência e permitir que a confiança social da criança floresça por si mesma. Na família, especialmente, sou contra rotular, uma vez que isso se torna uma profecia autorrealizável que só traz prejuízos.

Acima de tudo, eu quis que Tania se concentrasse na própria experiência de Natalie. Que valorizasse a criança que parecia tão feliz em casa, que amava ajudar Tania a assar bolos, mas que também gostava das brincadeiras mais agitadas dos homens da família.

Também percebi que Tania descreveu Natalie como sua "menininha". Talvez houvesse uma parte dela que precisasse manter a filha "pequena", temendo que um dia Natalie fosse valente e confiante o suficiente para abandonar o ninho.

Quando exploramos isso, Tania começou a chorar, reconhecendo que uma parte dela tinha pavor de pensar no dia em que os filhos não precisariam mais dela. Sem perceber, Tania estava em um conflito: ela queria ajudar Natalie a vencer a timidez, mas entendia que aquela menina tímida teria menos chances de "abandoná-la". Quando esse conflito ficou claro em sua mente, ela pôde fazer um esforço consciente para se concentrar em fazer com que Natalie se sentisse satisfeita e feliz.

DICA

A timidez pode ter vários significados. É importante identificar o tipo de timidez que seu filho está demonstrando. Por exemplo, a criança é reservada e está em paz com o mundo, ou se mostra ansiosa ou zangada? Observe-a e você será capaz de determinar se é algo que precisa de sua ajuda e interferência, ou se é apenas a natureza dela.

Explorando a timidez

Se você se identificou com a história de Tania e tem um filho que se mostra tímido em casa ou na escola, evite rotulá-lo de forma negativa. Entenda que a timidez reflete um tipo de personalidade e não tem nada de "errado". Algumas pessoas nunca deixam de ser tímidas, mas muitas delas exalam uma autoconfiança silenciosa que atrai as pessoas. Os tímidos são bons ouvintes e, quando fazem amizade, em geral ela dura para sempre. Em vez disso, converse com a criança, de maneira suave, sobre a casa e a escola, para descobrir se há algo que a perturba.

Bullying

O bullying não é um fenômeno recente, mas, com o incremento das mídias sociais e o número de filhos com acesso a celulares e computadores, os pais precisam estar ainda mais vigilantes em relação às maneiras pelas quais o bullying pode ser perpetrado.

A carta de Jackie:

Meu marido e eu ouvimos por acaso Josh, nosso filho de 10 anos, conversando em outro cômodo da casa com alguns de seus amigos sobre mensagens terríveis que seriam enviadas a outro garoto sobre sua maneira de andar e sua aparência. Eu conheço o garoto em questão, sei que ele sofreu paralisia cerebral, e fiquei horrorizada por meu filho achar normal importunar essa pobre criança por sua deficiência. Eu disse importunar, mas, no fundo, sei que é bullying, pura e simplesmente. Meu filho está se tornando um praticante dessa ação horrorosa. Meu marido está furioso e quer jogar fora o celular de Josh, mas acho que o que precisamos mudar é o seu comportamento. O que você acha?

Atenciosamente, Jackie

Nós somos criaturas altamente imitadoras. Aprendemos sobre o mundo e como funcionar nele copiando os que nos cercam. Ainda não se chegou a uma conclusão sobre o desenvolvimento infantil, se o que é mais importante é o inato ou o adquirido – eu acredito que seja um pouco de cada, dependendo de cada criança. Isso significa que Josh teria aprendido essas táticas de bullying em algum lugar – amigos, televisão, filmes ou jogos de computador.

Jackie e o marido precisam ser a influência que corrige, demonstrando uma postura antibullying. Nós ensaiamos conversas que ela ou o marido poderiam ter com Josh sobre o que é essa prática e por que ela é sempre inaceitável. Enredos de novelas ou filmes podem ser ótimos para gerar conversas que soem casuais, sobre tópicos cruciais, com as crianças que fazem parte de nossa vida. Através dessas conversas, Josh poderá aprender sobre bullying, seu impacto nas pessoas e por que essa atitude deve ser banida.

Como cabe aos pais corrigir e repreender os filhos quando eles se comportam de maneira inadmissível, também conversamos sobre o impulso do marido de Jackie de jogar fora o celular de Josh. Ambos concordaram que queriam ser firmes nessa questão e disseram a Josh que ele não teria mais alguns privilégios (mesada, celular) se o pegassem de novo praticando bullying ou planejando fazê-lo.

Também é importante que eles aplaudam Josh quando ele se mostrar empático e gentil com os outros, inclusive os pais e outros familiares. Os profissionais da escola podem ser cooptados para esse processo. Jackie pediu que os professores ficassem alertas caso achassem que seu filho estava intimidando os outros. Ela ainda conversou com as mães dos outros meninos envolvidos, para saber o que haviam percebido no comportamento dos filhos.

Mas é claro que ninguém pode supervisionar Josh e os amigos o tempo todo. O ideal para Jackie é dar o exemplo de uma abordagem de não tolerância ao bulliyng, uma postura que ele pode começar a imitar.

Reprimindo o bullying

Se você se identificou com a história de Jackie e teme que seu filho pratique o bullying, seja para ele um exemplo, demonstrando uma atitude contrária a esse comportamento. Afinal, o desenvolvimento do respeito ao próximo começa em casa. Além disso, preste atenção aos relacionamentos dentro de sua casa para verificar se não existe alguma forma sutil de bullying acontecendo entre os irmãos ou entre vocês, como pais. Use histórias da mídia ou de acontecimentos atuais para iniciar discussões sobre por que o bullying é algo totalmente inaceitável.

DICA

Elogie e, algumas vezes, recompense seu filho quando ele tiver atitudes gentis e bondosas, como lavar os pratos, ler para os irmãos, ou quando ele demonstrar um afeto espontâneo para com os outros.

Amor exigente

A maior questão no relacionamento entre pais e filhos é a dinâmica da mudança de poder. Quando as crianças nascem, os adultos dão as cartas; mas, em pouco tempo, a situação se transforma em um relacionamento no qual a acomodação e a negociação de posições precisam acontecer. E a habilidade de ser pai ou mãe está em administrar adequadamente as emoções dos filhos, ao longo desse processo, ao mesmo tempo que a integridade, a autoestima e o senso de espaço pessoal do adulto são mantidos.

A carta de Karen:

Sou separada e venho lutando para fazer com que meu filho, Noah, me respeite. Ele está sempre me dizendo que sou péssima mãe, mas que o pai, meu ex-marido, é maravilhoso. Meu ex e eu temos custódia compartilhada e eu jamais falei mal dele, muito embora ele tenha me deixado por outra mulher. Mas, agora que Noah tem 12 anos, ele tem saído com uma gangue das redondezas. Meu ex diz que preciso ser mais firme, mas Noah não se importa quando lhe dou uma bronca. Ele diz que me odeia e, para ser sincera, embora eu o ame, acho que às vezes também o odeio. Mas isso me faz sentir culpada e eu acabo cedendo. O que devo fazer?

Atenciosamente, Karen

Noah está se dando o prazer de fazer uma "cisão", fingindo que um dos pais é "tudo de bom" e o outro "tudo de ruim". Ele está colocando os pais um contra o outro e comandando a situação. Karen confirma o clássico conflito humano de que, com frequência, odiamos aqueles que amamos.

Quando nos tornamos adultos, vemos que o ódio da infância é tolo e inofensivo. Mas, quando nossos filhos ficam mais velhos, começamos a sentir que seus ataques são mais precisos e pessoais. Eles percebem o que mais nos fere e até os ataques mais casuais acertam em cheio as nossas inseguranças. Com uma mãe sozinha, ainda mais vulnerável pela infidelidade do ex, a acusação de Noah de que Karen não é uma boa mãe (e, portanto, uma má pessoa) põe o dedo bem na ferida.

Em primeiro lugar, Karen precisa assumir o controle de suas emoções antes de tratar do relacionamento com Noah. Sugiro que ela trabalhe para aumentar seu autorrespeito. Isso irá torná-la mais forte, autoconfiante, e lhe dará mais capacidade de tolerar os momentos nos quais odeia o filho. Se Noah perceber que essas acusações *deixaram de* mexer com Karen, ele logo vai abandoná-las.

É vital que um filho, seja qual for a sua idade, aprenda que os pais podem tolerar ser odiados. Se ele não vivenciar essa sensação, ficará apavorado de que seus ataques aos pais os machuquem. A culpa por esse medo se torna intolerável.

O que Karen precisa abandonar é a ânsia de que Noah a ame. Assim que deixar de lado esse desejo, vai achar mais fácil tomar medidas mais severas em relação ao filho. Se ela for firme, mostrando, ao mesmo tempo, o seu compromisso para com ele e seu bem-estar, Noah irá desenvolver respeito por Karen. A mudança não ocorrerá do dia para a noite e, nos momentos mais difíceis, poderá parecer uma tarefa ingrata, mas essa é a essência da maternidade.

Disciplinando os filhos

Se você se identificou com a história de Karen e está lutando para disciplinar seus filhos, tenha sempre em mente que não adianta nada pensar que os filhos precisam amar seus pais. Paternidade não tem a ver com ser o melhor amigo de seu filho. A paternidade saudável tem a ver com regras e limites e com amar seus filhos incondicionalmente. Trata-se de reconhecer que eles são pequenas unidades de impulsos incontroláveis que você precisa frear e frustrar, se quiser que eles aprendam a ter autocontrole, a respeitar a si mesmos e aos outros.

O ponto principal é trabalhar o seu autorrespeito, lembrando-se sempre de seus talentos e de suas conquistas, além de ter outras pessoas em sua vida que o amem. Dessa maneira, você será capaz de suportar os impulsos de raiva de seus filhos e concentrar-se em ser um pai ou mãe firme, porém afetuoso.

DICA

Seja consistente com seu filho, para que ele saiba qual é a sua postura em relação às regras da casa e à disciplina. Se você quiser que ele faça algo (por exemplo, arrumar a cama) "até você contar até três", mantenha esse limite. Pode parecer exagero, mas com o tempo seu filho vai aprender que você é firme em suas ordens. Isso o fará sentir-se menos confuso em relação a você, o que causará menos estresse a ambos.

Influências primitivas

Quando nos tornamos pais, nos damos conta de que tudo o que vivemos até aquele momento pode afetar nosso relacionamento com nossos filhos.

A carta de Katie:

Tenho 41 anos e, recentemente, minha mãe adotiva faleceu. Eu a amava, mas durante muitos anos sofri de depressão por ter sido rejeitada quando bebê. Só nos últimos tempos comecei a me preocupar com o fato de que já deveria ter contado a meus filhos (que são adolescentes) que fui ado-

tada. Até hoje, meu marido é a única pessoa que sabe. Não sei se saberei lidar com todas as questões que meus filhos possam levantar, especialmente sobre não lhes ter contado antes. Em resumo, tenho medo de que eles achem que menti por omissão. Passo as noites acordada, pensando no que deveria fazer. Por favor, me ajude.

Atenciosamente, Katie

Katie lutou muito com a dramática mudança em sua identidade, que aconteceu quando foi informada de sua adoção. Agora, com a morte da mãe adotiva, sentimentos em relação à identidade começaram a emergir: seus próprios filhos poderiam considerá-la uma mentirosa? Tanto no passado quanto no presente, Katie tem um sentimento de inadequação e de incapacidade de estar à altura das expectativas dos outros.

Conversamos sobre como ela se sentiu quando ficou sabendo que fora adotada. Por mais que amasse os pais adotivos, ela contou que se sentiu sufocada de mágoa e tristeza, além da raiva por ter sido abandonada. Ela também se sentia perturbada pelo fato de os pais, de alguma forma, terem maculado sua comemoração pelos 10 anos de idade, ao escolherem a ocasião para lhe contar a verdade; embora, como adulta, ela reconheça que essa novidade a teria perturbado em qualquer momento ou circunstância da vida.

É interessante observar que seus próprios filhos, um casal de gêmeos de 15 anos, hoje são muito mais velhos do que Katie quando recebeu a notícia. Durante anos, ela não teve coragem de contar a eles. É possível que estivesse tentando protegê-los da surpresa que ela própria teve quando criança ou talvez reprimindo a informação como forma de negação, de maneira que os filhos pudessem viver no que ela considerava uma ignorância feliz.

Sugeri a Katie que isso era um duplo eco do passado: medo de não estar à altura das expectativas dos filhos, além de um ressentimento contínuo, porém reprimido, porque os pais adotivos haviam "mentido" para ela por 10 anos.

O fato de ser adotada provocou em Katie sentimentos de inadequação e desconfiança, o que contribuiu para sua depressão. Com exceção de seu marido, ela jamais acreditou que as pessoas de sua família pudessem entender a enormidade dessa informação.

Embora a pergunta de Katie seja como lidar com a revelação da notícia aos filhos, a grande questão é, na verdade, sua própria aceitação. É ela sentir-se à vontade com certos aspectos de seu próprio passado.

Curando o passado

Se você se identificou com a história de Katie, examine a sua história para ver que emoções e eventos afetam o seu comportamento em relação a seus filhos no presente. Procure entender se há coisas sobre as quais você gostaria de conversar com eles, ou se são fatos que você pode processar sozinho ou conversando com um amigo ou um profissional. Examine e seja condescendente com seus próprios sentimentos em relação ao que lhe aconteceu e procure fortalecer a sua identidade, para fazer as pazes com o seu passado.

DICA

Lembre-se de que seus filhos não são você e podem reagir à informação de forma diferente da sua. Lembre-se também de que eles são muito centrados em si mesmos e, em geral, não estão muito interessados em acontecimentos passados.

O cérebro do adolescente

Quando nossos filhos chegam à adolescência, subitamente o mundo parece estar crivado de hormônios esdrúxulos e de mudanças abruptas de comportamento.

A carta de Melissa:

Nosso filho, Matthew, tem apenas 17 anos. No ano passado, ele me perguntou se a namorada poderia dormir lá em casa. Mesmo correndo o risco de parecermos pudicos, meu marido e eu dissemos "não". Acho que eles terminaram alguns meses atrás e Matthew passou a fazer parte dos times de críquete e de hóquei, o que considerei muito saudável. Ele é o mais novo em ambos os times e, nas noites de sábado, começou a sair para beber com os garotos mais velhos. Agora, quando o ouço falar sobre mulheres, é com desdém, sendo que uma vez ele me criticou por usar vestidos acima dos joelhos (tenho 42 anos e estou em ótima forma). Sinto que perdi meu filho. Será que meu marido e eu devemos nos preocupar com essa mudança dele?

Atenciosamente, Melissa

Inicialmente, Melissa ficou satisfeita pelo fato de Matthew, aos 16 anos, sentir que possuía um relacionamento bom o suficiente com ela para pedir que a namorada dormisse lá. Ela disse "não"; mas agora está se torturando por achar que possa ter, de alguma forma, passado a impressão de que sexo é errado, ou que as meninas que desejam fazer sexo aos 16 anos são vadias ou algo parecido.

Aconselhei Melissa a ter compaixão pela escolha que fez naquele momento. A paternidade é amplamente relacionada a um controle de limites e um adiamento de recompensas, de maneira que os filhos aprendam o autocontrole. Portanto, mesmo que o mundo em geral não concorde com ela, um dos valores de Melissa é acreditar que 16 anos é muito cedo para o filho fazer sexo.

Conversar com nossos filhos sobre sexo é complicado, mas também pode ser imensamente gratificante. Tem a ver com demonstrar confiança e sentir-se digno dela. E, para os adultos, significa passar valores básicos para os filhos em relação a amor, intimidade e segurança de uma maneira afetuosa. Embora os jovens, no final da adolescência, possam nos parecer adultos arrogantes, no fundo eles são vulneráveis e ainda se beneficiam do apoio dos pais.

O ponto delicado dessas conversas é que, com frequência, elas acontecem em um período no qual os adolescentes estão vivendo mudanças radicais. Pesquisas recentes mostraram que os adolescentes passam por um extraordinário desenvolvimento cerebral. Algumas dessas mudanças se dão na mesma parte do cérebro que controla o planejamento, o controle dos impulsos e o raciocínio. Nós, como adultos, ficamos imensamente frustrados diante das novas paixões adotadas pelos adolescentes, os riscos aos quais eles se expõem e sua aparente falta de raciocínio, mas isso se deve, em parte, às mudanças no cérebro que precisam mesmo acontecer e sobre as quais o adolescente não tem nenhum controle.

É um tempo de grandes experimentações. Os jovens começam a se separar, de forma saudável, de seus pais e talvez formem amizades com outros adultos que os influenciarão de maneiras diferentes, como colegas de trabalho ou, como no caso de Matthew, seus companheiros de time. Algumas dessas separações acontecem pela "rejeição" dos valores e códigos que os pais representam. Isso pode levar a assumirem causas políticas ou sociais, vestirem-se de forma provocante, fumar, usar drogas, fazer sexo antes da hora, embebedar-se e muitos outros comportamentos que a maioria dos adultos considera perturbadores, perigosos, ridículos ou ilegais.

Sejamos claros: os pais estão certos ao tentar guiar os filhos para longe de atividades nocivas. Mas, em geral, essa jornada de separação dos pais é *necessária* para fortalecer a identidade e o senso do Eu de um indivíduo. Em outras palavras, é natural. E, em algum momento, isso torna a situação menos pessoal.

O que Matthew está demonstrando é que os anos de adolescência também têm muito a ver com obter a aprovação e a aceitação dos colegas. Socialmente, ele agora se relaciona com rapazes mais velhos e mais experientes no que se refere a sexo e talvez ele tenha terminado um relacionamento íntimo, provavelmente sexual, há pouco tempo. Melissa e eu discutimos sobre como ela poderia abordar esse assunto, falar de sexo de maneira geral e das atitudes em relação às mulheres, usando notícias dos jornais ou da internet para gerar uma conversa casual e mostrar a ele que não há assunto sobre o qual mãe e filho não possam conversar. Nós discutimos sobre como ela se sentiu quando Matthew criticou sua maneira de vestir-se. Ela teve a sensação de que o filho estava zangado com a ex-namorada e queria descontar na mulher mais próxima em sua vida.

Obter a aceitação dos colegas também pode significar que Matthew, sem se dar conta, esteja adotando ou exacerbando algumas das atitudes demonstradas por seus colegas de time. Seus comentários sobre as mulheres poderiam também estar mascarando ansiedade diante de homens que ele acredita serem mais experientes sexualmente.

Compreender o que podia estar acontecendo ao filho foi útil para Melissa e o marido. Isso os ajudou a colocar o comportamento de Matthew em um contexto evolutivo e também pessoal.

É claro que, sendo criaturas imitadoras, Melissa e o marido concordaram em monitorar o próprio comportamento para ver se sua interação poderia levar Matthew a acreditar que as mulheres devem ser tratadas com menosprezo. A forma como os pais agradecem (ou não) um ao outro pelas tarefas diárias ou elogiam (ou não) um ao outro influencia os filhos e seus relacionamentos futuros. Quando Melissa diz "Eu não gosto de ouvir mulheres sendo depreciadas", ela está vocalizando seu código moral, sem juízos de valor, em vez de criticar o filho. É uma diferença sutil, mas que pode fazer com que ele a ouça.

Encontrando o equilíbrio

Se você se identificou com a história de Melissa e está lutando com as mudanças exibidas por seu filho adolescente, precisa encontrar um equilíbrio entre protegê-lo através da expressão de seus valores básicos e seus limites e dar a ele a liberdade de experimentar quem ele é e quem deseja tornar-se. Console-se com o fato de que, devido ao desenvolvimento cerebral mencionado acima, algumas das atitudes mais extremadas dele podem se aplacar naturalmente assim que seu cérebro tenha amadurecido por inteiro.

Como esse pode ser um tempo imensamente sufocante para os adolescentes, que se deixam levar por seus hormônios, o amor e o apoio consistentes enquanto eles tentam descobrir a própria identidade são valiosos, mesmo que eles levem décadas para agradecer aos pais por isso.

DICA

Desenvolva maneiras de suportar a aparente rejeição de seu filho por você, reconhecendo que isso é parte de uma separação necessária do controle parental, e, ao mesmo tempo, permaneça fiel aos seus valores mais fundamentais.

A síndrome do ninho vazio

Depois de todos os dramas da infância, chega um tempo no qual nos vemos diante da perspectiva de ver os filhos saírem de casa, seja para sempre ou pela primeira vez.

A carta de Fiona:

Barney, o mais novo dos meus três filhos, vai viajar para a Ásia em setembro, antes de começar a faculdade, e eu já estou apavorada. Morro de preocupação com sua segurança. Meu filho teve uma doença grave na infância, um problema na vista que poderia deixá-lo cego. Mas ele venceu tudo isso e estudou com afinco; portanto, seu lugar na faculdade é um símbolo de toda a sua coragem e determinação. Estou tão orgulhosa! Nem ousei mencionar isso ao meu marido; ele pensaria que sou uma tola. Mas há dias em que não sei como sobreviverei à partida dele.

Atenciosamente, Fiona

Fiona está sofrendo de "ansiedade da separação", que é muito comum nos relacionamentos entre mães e filhos. Se você alguma vez assistiu a crianças felizes em seu primeiro dia de escola acompanhadas de mães que se afastam aos prantos pela rua, reconhecerá a sensação de perda que algumas delas experimentam nesses marcos normais do desenvolvimento.

Entretanto, ao mesmo tempo, reconhecemos que a mãe ideal é a que cria os filhos de maneira tão segura e afetuosa que, quando eles se separam dela, agarram o mundo com as duas mãos e levam vidas plenas e independentes. Pode ser que o marido de Fiona simplesmente diga, esperamos que de maneira menos franca do que eu, que a vida é assim mesmo. Entretanto, pode ser um enorme golpe em nosso equilíbrio emocional ter de enfrentar a realidade de que, agora, e provavelmente por muitos anos, somos dispensáveis.

Influenciando a ansiedade de Fiona está o fato de que Barney é o filho mais novo. Quando os outros dois filhos saíram de casa para estudar e trabalhar, sempre havia a certeza, no fundo de sua alma, de que ainda existia Barney em casa. E agora ele também está partindo. Esse momento não está apenas mobilizando a sensação de perda que costumamos experimentar quando um filho deixa o ninho; essa saída representa o fim de uma era da maternidade.

A doença que Barney sofreu na infância, é claro, também contribui para as preocupações de Fiona. Todos nos preocupamos com nossos filhos, mas, se há um histórico de doença grave, sempre fica aquela sensação perturbadora de que coisas ruins podem voltar a acontecer. Quem não teria uma sombra de dúvida, medo ou pânico no lugar de Fiona?

O erro está em comportar-se de maneira a fazer Barney suspeitar de que não tem permissão para sair de casa, ou que, de alguma forma, sua mãe não sobreviveria sem ele.

Fiona precisou lidar com os pensamentos aterrorizantes de que Barney estaria em perigo na Ásia. Mas, graças ao celular e ao Facebook, é muito mais fácil manter contato com os filhos hoje do que era no passado. E as opções de transferência de dinheiro rápidas e seguras também podem acalmar as mentes frenéticas dos pais, que temem que os filhos, tão longe de casa, se metam em complicações financeiras.

Aconselhei Fiona a cercar-se de pessoas que estivessem passando pela mesma experiência, quem sabe outras mães com filhos que se afastaram por causa de novos empregos ou viagens. E que ela tivesse uma comunicação aberta com o marido, relembrando os momentos vividos, mas também fazendo planos para a nova vida que os espera.

Abraçando o futuro

Se você se identificou com a história de Fiona e teme o momento em que seu filho abandonará o ninho, tenha sempre em mente que, ao experimentar e enfrentar os reveses da vida (e sobreviver a eles), seus filhos vão crescer, aprender e se desenvolver. Tenha orgulho por ter educado um filho da melhor maneira que pôde e reconheça que uma longa jornada está chegando ao fim. Dedique algum tempo para, quem sabe, lamentar essa nova realidade e em seguida retome a sua vida, preenchendo-a com novos e excitantes projetos e conhecendo outras pessoas.

Se você não tiver um companheiro, essa pode ser a primeira vez, depois de muitos anos, que você vai sentir que tem um tempo só para si mesma, talvez para pensar em começar um novo relacionamento, o que pode ser um desafio assustador, porém emocionante. Se estiver casada, agora vocês têm oportunidades de se reconectar como um casal e não ficar tão centrados nos filhos.

Qualquer que seja a sua situação, mais atividades significam menos tempo para lidar com a ausência. Separações saudáveis geram confiança e trazem, portanto, uma chance maior de que os futuros encontros sejam mais apreciados por todos.

DICA

Pratique sorrir com entusiasmo diante de todos os planos e lamente-se somente quando estiver sozinha. Encontrar outras mães na mesma situação, seja on-line ou pessoalmente, pode ser um grande apoio que você terá ao entrar nessa nova fase da maternidade.

Filhos e divórcio

Algumas vezes, nossos relacionamentos com nossos filhos são afetados por eventos na família, como a infidelidade ou o divórcio.

A carta de Nick:

Depois de anos de um relacionamento difícil, minha mulher e eu estamos nos divorciando. Fui infiel algumas vezes e, agora, ela deu um basta. Temos dois lindos filhos, de 15 e 11 anos, que, tenho certeza, ficarão aliviados por seus pais não brigarem mais. Mas, no momento, embora esteja preocupado com os aspectos legais e financeiros da separação, também tenho consciência de que meus filhos ficarão muito abalados com a notícia. Você poderia me dar alguns indicadores de como lidar com meu relacionamento com eles nesse momento e no futuro próximo?

Atenciosamente, Nick

Nick tem razão de reconhecer que o momento que se aproxima, do anúncio do divórcio, vai afetar *todos* emocionalmente – não apenas os filhos. Algumas vezes, a maior luta dos pais é continuar a estar disponíveis para os filhos mesmo quando se sentem sufocados e emocionalmente arrasados.

O fato mais triste é que algumas vezes o divórcio é tão doloroso que os membros da família não sabem como demonstrar a sua dor, ou mesmo se têm o direito de demonstrá-la. Nick e sua esposa precisam ficar atentos à maneira como os filhos "representam" seu sofrimento emocional. Por exemplo, as crianças podem "representar" sua emoção destruindo brinquedos, pois lhes faltam habilidades cognitivas e verbais; crianças em idade escolar podem se sentir obrigadas a aliar-se a um dos pais, ao passo que os adolescentes podem se tornar descrentes dos relacionamentos ou sentir a necessidade de correr para seus próprios relacionamentos em busca de alguma segurança. E se alguns filhos não se mostrarem abalados diante dos acontecimentos, podem estar tentando poupar os adultos de mais sofrimento. Nick e a esposa precisam estar disponíveis para seus filhos quando eles quiserem conversar ou expressar suas emoções.

Ao mesmo tempo, quando são obrigados a enfrentar essa nova realidade, as crianças podem se fortalecer ao ver os pais se relacionando de maneira calma e agradável. Nick e a esposa planejam falar com as crianças como um casal, para demonstrar uma frente unida. Entretanto, Nick tem consciência de que suas infidelidades foram a causa do rompimento. O contexto de muitos divórcios pode tornar as relações parentais abertamente hostis. É preciso muito autocontrole para não falar mal do parceiro que foi infiel, ou que dissipou todas as economias da família, ou que é violento, racista, ou que demonstra qualquer outro tipo de comportamento inaceitável.

Se as crianças virem os pais se comportando de forma madura, cooperativa, sem culpar um ao outro, podem aprender uma valiosa lição sobre valores para suas relações íntimas futuras.

Essa previsível dor interna é algo que as pessoas na situação de Nick precisam enfrentar. Ter um bom cuidado consigo mesmo é vital. Nick disse, brincando, que poderia dormir no sofá da sala por várias semanas, e eu sou totalmente a favor de encarar com humor as transições da vida. Mas, para manter um bom relacionamento com os filhos no mundo pós-divórcio, precisamos cuidar de nós mesmos de maneira adequada. Precisamos levar a sério o sono e a alimentação e descobrir maneiras de superar a dor. Não podemos estar fortes para nossos filhos se não tomarmos conta de nós mesmos.

Abertura pós-divórcio

Se você se identificou com a história de Nick e está prestes a anunciar seu divórcio, ou se acabou de comunicá-lo, aceite o fato de que seus filhos farão inúmeras perguntas durante as semanas ou meses que se seguirem. Ao mesmo tempo, sinta-se mais forte ao lembrar-se de que as crianças são criaturas com alto poder de recuperação. Seus filhos possuem a capacidade de se ajustar e de florescer após o divórcio.

Mantenha abertos os canais de comunicação e trabalhe com afinco para se relacionar com seu parceiro de uma forma calma e agradável na frente das crianças. Seus filhos irão vivenciar diferentes inseguranças de acordo com a idade em que estiverem. O mundo que eles conheciam e a segurança com a qual estavam acostumados evaporaram-se. Isso é absolutamente aterrador, sobretudo se seus filhos ainda não forem capazes de articular sentimentos de forma adequada. No momento da revelação, muitas perguntas podem surgir, mas, à medida que a realidade for assimilada, que eles entenderem a novidade à sua própria maneira, podem vir a formular novas questões ou começar a reagir emocionalmente, situação que exigirá que você os ajude e conforte.

DICA

É essencial que você se cuide emocional e fisicamente para poder estar disponível para seus filhos nesse momento difícil. Coma e durma de maneira adequada, e estabeleça um grupo de apoio composto por amigos em quem confie e com quem possa desabafar.

Uma segunda família

Após o divórcio, uma nova família pode se formar.

A carta de Olivia:

Meu segundo marido e eu temos três filhos: eu tenho um menino e ele tem duas meninas. Sou divorciada. Pete é viúvo. Acabamos de ter uma menina e as filhas de Pete estão se comportado muito mal. Elas tocam música bem alto quando Lily está dormindo e conspiram contra mim quando Pete está no trabalho. Elas gritam "Você não manda em mim, você não é minha mãe". Pete e eu queremos acreditar que seja um problema da idade, já que estão entrando na adolescência (12 e 14 anos); mas parece que elas não querem reconhecer a existência de Lily – o que me deixa magoada. Como devo agir para que as coisas deem certo nessa segunda família e, no futuro, minha filha possa ter um bom relacionamento com todos os irmãos e não apenas com meu filho?

Atenciosamente, Olivia

Além das tensões e alegrias de ser mãe novamente, Olivia está lidando com duas meninas que, por sua vez, estão lutando para lidar com os próprios conflitos emocionais. Após o trauma da perda da mãe e de aceitar outra mulher na vida do pai, as filhas de Pete agora têm uma grande rival no amor do pai – Lily. E quanto mais as pessoas se maravilham diante da criança, mais as meninas se ressentem dela e do que ela representa. Elas não escolheram nenhum aspecto da maneira como as coisas aconteceram nos últimos anos. É provável que se sintam sem voz, temerosas do futuro, ansiosas pelo fato de terem sido "substituídas".

Elas são emocionalmente jovens. Sua ligação com o pai ainda é infantil. É possível que vejam Olivia como a única responsável pelo rumo dos acontecimentos – é mais fácil culpar um "intruso", que, no caso do triângulo familiar, é Olivia.

Olivia e eu conversamos sobre o que significava para ela educar filhos que se relacionassem bem. Olivia tem uma irmã com quem tem um bom relacionamento; quando seu casamento chegou ao fim, a irmã foi a pessoa em quem ela mais confiou. Portanto, seu padrão de família é o de irmãos que oferecem um apoio emocional concreto. Assim sendo, era natural que ela desejasse o mesmo para Lily. (Seu filho do primeiro casamento mostrava-se satisfeito com a chegada da irmã – tanto quanto é possível a garotos interessar-se por uma irmãzinha recém-nascida, 7 anos mais nova. Sua visão geral é a de que ele não é mais *o* bebê, portanto, a chegada de Lily foi vista como algo positivo em sua vida.)

As filhas de Pete estavam descarregando sua raiva e ressentimento em Olivia, a pessoa mais vulnerável em termos emocionais por estar cuidando de um recém-nascido. Nessa situação, Pete e Olivia precisaram trabalhar em conjunto mais do que nunca, mantendo abertos os canais de comunicação com as meninas, que, além dos sentimentos em relação ao casamento do pai e à chegada de Lily, ainda deviam estar em processo de assimilação da morte da mãe.

No início, as conversas de Pete e Olivia com as meninas acabaram se concentrando mais em sua mãe biológica. E Olivia percebeu que, quanto mais as meninas se ressentiam de Lily, mais ela se ressentia das meninas.

Com essa descoberta sobre si mesma, Olivia se esforçou para compartilhar seus "ressentimentos" apenas comigo, para que quando estivesse com as meninas ela se sentisse livre e pudesse ser verdadeiramente afetuosa e compreensiva com as duas, lembrando-se sempre do que elas perderam e de como ainda eram jovens. Olivia percebeu que o que precisava ser feito naquele momento era compensá-las sendo abertamente maternal com elas e prestando atenção aos sentimentos delas quando estivessem a sós (no início do relacionamento com Pete, ela resistira a isso, temendo ser acusada de tentar ser uma mãe "substituta"). As conversas com as meninas lhes deram a chance de se sentirem ouvidas dentro da nova unidade familiar. Como em todos os relacionamentos entre pais e filhos, uma técnica muito útil é ajudar a criança a encontrar uma solução, em vez de ser sempre aquele que toma todas as decisões. Assim sendo, as meninas tiveram a chance de criar algumas das regras da casa e discutir maneiras de conciliá-las.

A princípio, Olivia teve medo de que ela e o marido estivessem favorecendo as meninas, mas, ao se colocar no lugar delas, percebeu o quanto elas precisavam ser tranquilizadas em relação ao casal para terem certeza de que o amor era suficiente para todos, mesmo nas segundas famílias. Após essa mudança radical, elas passaram a aceitar melhor a irmã e a ser mais afetuosas com Olivia.

Tornando-se padrasto ou madrasta

Se você se identificou com a história de Olivia e está lutando contra ressentimentos de enteados, estabeleça parâmetros com seu companheiro sobre o que é capaz de fazer. Se, por exemplo, você estiver cuidando de um recém-nascido, precisará de apoio extra de seu parceiro, amigos e familiares.

Ao mesmo tempo, reconheça seus próprios sentimentos sobre ter de tomar conta de filhos que não são seus, o que pode incluir algum ressentimento ou raiva. Esteja pronto para vivenciar essa emoção longe das crianças.

DICA

Reconheça que até crianças mais velhas podem regredir e adotar comportamentos infantis quando rivais (você ou novos filhos) entram em cena. Você não pode ser o pai, ou mãe, substituto que seus enteados perderam, mas pode ser um apoio adulto, forte e afetuoso, conversando com eles sobre seus sentimentos e ajudando-os a enxergar por que se sentem de determinada maneira em relação a você.

Desenvolvendo o autoconhecimento

Desde o nascimento, seu filho é um daqueles muitos "Outros" com quem você desenvolve um relacionamento. E, como em todos eles, a maneira como você se conduz pode dizer muito tanto sobre você quanto sobre seu filho.

Examinar a si mesmo e ver o tipo de relacionamento que você vivenciou quando criança é uma ferramenta útil para descobrir o que você rejeita e o que traz para suas técnicas de relacionamento. O autoconhecimento é essencial para compreender como administrar sua relação com seus filhos e para reconhecer que essa relação também vai mudar com o passar do tempo. Quando uma mulher diz que sua filha é sua melhor amiga, isso pode conflitar com outros adultos que acreditam que pais devem ser pais, com todo o estabelecimento de limites e sanções que isso acarreta.

Contudo, à medida que filhos e pais ficam mais velhos e todos passam a ser adultos, o relacionamento pode se transformar em algo que tenha todas as qualidades de uma amizade, como respeito e apoio mútuos, além da compreensão de todos os dramas vividos anteriormente.

CAPÍTULO 8

Trabalho

De várias maneiras, nosso local de trabalho é como uma nova casa. Com aqueles que trabalham conosco formamos uma família e compartilhamos (idealmente) o mesmo objetivo de fazer da empresa e de seu produto, ano após ano, um sucesso. Mas, ao mesmo tempo, os colegas competem conosco pelos recursos disponíveis: as melhores tarefas, as promoções, a gratificação ou o maior escritório. E, como a organização de um escritório é semelhante ao de uma família em termos de hierarquia, padrões e conflitos mal resolvidos da infância podem vir à tona.

Colegas carentes

Um ambiente de trabalho pode ser constituído de uma variedade de personalidades. Há a turma dos descolados, os machos e as fêmeas alfa, os machões, as crianças levadas e os apavorados.

A carta de Millie:

Em geral, gosto do meu trabalho; mas, toda vez que preciso me ausentar, seja por algum compromisso de trabalho ou saindo de férias, meu chefe começa a me sufocar com perguntas e pedidos. No fim da reunião, ou estou atrasada ou estressada. E se isso acontece antes que eu saia de férias, acabo passando a viagem inteira com sentimento de culpa. Por que ele faz isso e como posso parar de me deixar envolver nesse jogo?

Atenciosamente, Millie

Quando Millie se afasta do escritório por algum motivo especial, seu chefe entra em pânico e se mostra muito carente. Ele é como uma criança que sofre de ansiedade da separação. As crianças têm medo do abandono, principalmente quando ainda muito pequenas, porque não possuem a compreensão de que pessoas ou objetos ainda existem mesmo quando não podem ser vistos. Assim sendo, quando elas começam a frequentar a escola, por exemplo, levam algum tempo para ter a confiança de que a mamãe vai voltar todos os dias para buscá-las.

Algo no chefe de Millie o faz sentir-se inseguro quando ela fica longe de sua visão. É claro que ele precisa ter certeza de que há planos de emergência, que os projetos estão sob controle e serão entregues na ausência dela. Mas piorar a pressão e fazer o empregado sentir-se culpado por fazer suas tarefas ou tirar férias não é um comportamento adequado. Infelizmente, Millie se deixa envolver e começa a enxergar as coisas pela perspectiva do chefe, o que a faz sentir-se como se estivesse fazendo algo errado.

Quando trabalhamos para descobrir como lidar com a frustração, pedi a Millie que pensasse nos motivos que permitiam que esse cenário a fizesse sentir-se, por exemplo, culpada em vez de zangada – ou estressada em vez de indiferente. Como eu já disse antes, os obstáculos que surgem em nossos relacionamentos sempre dizem tanto sobre *nós* quanto sobre o Outro. Millie percebeu que tinha medo de ser rejeitada – ou seja, demitida. Era isso o que a levava a ser tão conscienciosa no trabalho. Sua culpa e seu estresse estavam, na verdade, mais próximos de uma fúria reprimida, pois o comportamento do chefe dava a impressão de que ele não confiava nela o suficiente para saber que tudo já estaria planejado e que ela teria pensado em todos os problemas que pudessem ocorrer em sua ausência.

Além disso, ela sentia raiva por ser levada a ter a sensação de que suas férias não passavam de uma horrível inconveniência. O que ela merecia era um chefe que apreciasse o seu trabalho árduo e reconhecesse que as férias eram merecidas. Ou que percebesse que reuniões e apresentações fora do escritório eram tão importantes para seu trabalho quanto sua presença física ali. Alguém, em outras palavras, que fosse sensato.

E Millie temia que, se demonstrasse seus verdadeiros sentimentos – sua raiva ou sua irritação –, o chefe acabasse prejudicando o seu trabalho. Isso a fazia reprimir tais sentimentos e direcioná-los para si mesma sob a forma de culpa.

Agora, Millie sabia de onde vinham suas emoções. E, embora não pudéssemos ler a mente do chefe, Millie foi benevolente o suficiente para reconhecer que, tirando esses momentos de estresse por conta de sua ausência iminente, eles mantinham um bom relacionamento de trabalho. Assim, o passo seguinte foi fazer planos para lidar com futuras questões de pânico e obstáculos. A chave da relação com o chefe, assim como a de um pai com os filhos, é tentar encorajá-lo a realizar uma separação saudável. Embora ficar temporariamente sem Millie deixasse o chefe ansioso, ela não deixaria de suprir suas próprias necessidades, mas procuraria, ao mesmo tempo, tranquilizá-lo.

Estabelecendo limites

Se você se identificou com a história de Millie e tem um colega que entra em pânico, assuma o controle da situação e marque um horário para encontrar-se com ele *antes de sua ausência*. Faça um resumo de todos os preparativos que fez para o período em que estiver fora e pergunte se ele tem alguma questão ou preocupação. Isso significa assumir o controle de forma proativa, não apenas em relação à conversa, mas ao momento em que ela ocorre.

No que se refere às férias, trate de conversar em termos neutros, sem nenhum tipo de apologia. Demonstre que tirar férias, sem qualquer contato com tudo que diz respeito ao escritório, é algo justo. E tranquilize seus colegas afirmando que esse tempo fora vai fazê-lo retornar reenergizado.

DICA

Lide com seu colega com firmeza, mas de forma a tranquilizá-lo. Pergunte a si mesmo se suas emoções ou seu estado de espírito estão sendo afetados pelo comportamento dele, para ver se esse relacionamento traz algum eco de seu passado. Se for esse o caso, trabalhe quaisquer questões não resolvidas para que você não se veja reencenando dramas da infância dentro do escritório.

A panelinha

Se trabalhamos em um grande escritório ou departamento, pode haver dezenas de pessoas com quem precisamos interagir. Porém, muitos grupos, independentemente de seu tamanho, formam "panelinhas".

A carta de Tara:

Trabalho em um ambiente predominantemente masculino e sei que me saio tão bem ou melhor do que eles. Mas, quando se trata de intervalos e socialização após o expediente, sou excluída da gangue Alfa; não porque sou mulher, mas porque não gosto de beber cerveja feito louca. Tentei não me importar, mas sinto falta das conversas informais sobre acordos, avaliações e fofocas gerais que me mantêm no círculo de pessoas interessantes. Alguma ideia sobre o que devo fazer?

Atenciosamente, Tara

O problema de tentar se tornar parte de um grupo é que os grupos desenvolvem códigos sutis para manter de fora os "indesejáveis". No trabalho, esses códigos podem ser sobre qualquer tema, da escolaridade ao treinamento, do sexo à personalidade. A maioria das corporações produz um grupo de elite dentro dela que, em geral, recebe informações com antecedência sobre o grupo ou a corporação. Para Tara, isso traz lembranças da escola e de estar incluída apenas pela metade na panelinha.

Tara era muito estudiosa e dedicada, mas também era boa no basquete. Assim, em alguns momentos do ano, quando jogava, Tara se via parte de um grupo popular de garotas. Isso a fazia sentir-se querida e, consequentemente, importante. Mas, como seu passaporte para o grupo tinha prazo de validade, ela também ficava chateada e ressentida. À medida que foi amadurecendo, ela começou a precisar cada vez menos da aprovação das meninas. E ficou surpresa ao perceber com que rapidez ela retomou, agora no trabalho, as emoções da escola, quando "pertencer" era o mais importante.

Tara precisou tomar duas atitudes: não se sentir desvalorizada ou magoada se não fosse convidada para a cerveja com o grupo e sugerir ou organizar atividades que quebrassem a tradição das noites regadas a bebida.

Primeiramente, sugeri que fizesse uma lista das maneiras como poderia sentir-se valorizada, tanto por si mesma quanto pelos outros. Tara considerou seu salário e seus bônus uma forma de validação, além dos comentários feitos na época das avaliações. Fora do trabalho, sentia-se orgulhosa pelo que vinha conquistando, por exemplo, como maratonista e como mestre-cuca.

Tara sugeriu outros eventos sociais aos colegas, como jogar boliche e treinar corrida em um parque próximo. E duas coisas a surpreenderam após fazer essas sugestões: a primeira foi que vários companheiros vieram, em particular, agradecer-lhe por livrá-los do compromisso de se encher de cerveja durante a semana – o poder do grupo era tal que ninguém tinha coragem de confessar que já estava cansado ou que não aprovava aquela forma de socialização.

A segunda foi que a ideia de correr à noite tornou-se um evento semanal, no qual Tara tinha papel preponderante. Após o treino, muitos ainda iam ao bar, mas agora havia menos estigma em não beber álcool e Tara sentia-se mais confortável quando ia junto. Ao analisar tanto a si mesma quanto ao seu ambiente, e ao ser agradavelmente assertiva e proativa, Tara fez com que a cultura de seu trabalho funcionasse para ela.

Assumindo o controle

Se a história de Tara lhe soa familiar e há uma panelinha em sua empresa, examine os seus sentimentos sobre o fato de estar dentro ou fora dela. Nem todo mundo quer ser parte do grupo de elite (alguns preferem permanecer de fora, como observadores, vendo para que lado o vento sopra), mas sua existência e nossa inclusão ou exclusão dele sempre desperta algo em cada um de nós.

Imagine maneiras de se impor para coexistir com a panelinha em seus próprios termos, como, por exemplo, sugerir eventos sociais ou, dentro do trabalho, propor novas formas de lidar com projetos. Lembre-se de que o simples fato de fazer bem o seu trabalho pode ser uma porta para sua inclusão, se ela for importante para você.

DICA

Identifique e valorize os elementos no seu ambiente de trabalho que o fazem sentir-se bem.

Saúde mental no local de trabalho

Algumas vezes é difícil fazer com que a cultura trabalhe a nosso favor quando se trata de saúde mental.

A carta de Ricky:

Fui diagnosticado como bipolar aos 19 anos, mas, exceto alguns membros da família, não contei a ninguém. Não falei nada, inclusive, durante a entrevista para trabalhar na empresa em que estou há 4 anos. Devido à crise econômica, a atmosfera no escritório hoje é bastante tensa e me preocupo com a possibilidade de meu chefe prestar mais atenção em mim a cada nova consulta médica que tenho. Isso está me fazendo trabalhar em casa até tarde da noite, o que agrava a minha bipolaridade. Não sei se devo revelar minha doença ao meu chefe, ou se isso pode me colocar na linha de fogo por ter mantido segredo até agora.

Atenciosamente, Ricky

A recusa de Ricky em ser definido por sua doença é inspiradora. Porém, infelizmente, muito esforço ainda precisa ser feito para tratar do estigma da saúde mental no local de trabalho. Em 2011, a instituição beneficente MIND apresentou evidências de que empregados que admitiam na empresa que sofriam de algum distúrbio mental temiam ser despedidos. Nem todos os funcionários são abençoados com um chefe iluminado, portanto a decisão inicial de Ricky de não mencionar sua doença, nem na entrevista e nem depois, é totalmente compreensível.

Pedi a Ricky que analisasse de onde vinha o seu estresse atual. As incertezas da economia mundial contribuem para muita ansiedade no trabalho em qualquer parte do planeta. Mas que parte das preocupações de Ricky tem a ver com esse clima e que parte tem a ver com sua culpa por não ter revelado esse segredo? Esse tipo de culpa mexe com a cabeça das pessoas. Imaginamos que os outros sejam capazes de identificar nossos sentimentos e supomos, então, que elas estejam zangadas conosco. Assim, Ricky precisava avaliar qual era a possibilidade de que, tendo trabalhado tão bem para a empresa durante 4 anos, seu emprego agora estivesse ameaçado.

Sugeri que ele se voltasse para amigos e familiares que *sabiam* de sua desordem bipolar e conversasse com eles sobre suas ansiedades. Falar sobre as angústias faz com que pareçam menos tóxicas e mais toleráveis. E esse diálogo com a família poderia lhe servir como um ensaio, caso decidisse conversar com o chefe. É muito mais fácil tocar num assunto complicado com alguém quando já treinamos e sabemos exatamente o que queremos dizer.

Pedi ainda a Ricky que pensasse em tocar no tema da saúde mental com seus colegas de trabalho quando ele aparecesse na mídia. Esse parece ser um dos tópicos mais explorados da atualidade; com cada vez mais celebridades e políticos se abrindo sobre suas questões de saúde mental, roteiros de novelas e consultas em programas de rádio e televisão debatendo o tema, nunca foi tão fácil conversar sobre isso. Ricky não precisaria revelar informações sobre si mesmo, mas essa poderia ser uma maneira útil de testar as reações das pessoas no escritório.

Abrindo o jogo sobre a saúde mental

Se a situação de Ricky falou ao seu coração e você está se perguntando se deve mencionar uma questão de saúde que ainda não revelou, não entre em pânico. Com a ajuda de amigos, procure perceber, com calma, se é realmente necessário expor a sua condição.

Eu fico dividida, pois acredito que a sinceridade em nossos relacionamentos é sempre a melhor política. Entretanto, se não houver nenhum sinal de que seu desempenho esteja sendo criticado, é possível, por exemplo, que uma interpretação negativa seja colocada no fato de você não ter falado abertamente sobre sua situação logo de início (embora diferentes empresas adotem políticas radicalmente distintas em relação a isso).

Gostaria de imaginar que a maioria dos chefes compreenderia essa situação, mas se, ao revelar publicamente os fatos sobre sua saúde, você receber reações negativas, lembre-se de que talvez seja necessário procurar a orientação de um advogado.

DICA

Preste atenção, o tempo todo, aos cuidados consigo mesmo. Estar vigilante para perceber aqueles momentos nos quais a sua autoestima fica envolvida demais em apenas um aspecto de sua vida lhe dará a oportunidade de reintroduzir o equilíbrio em sua rotina. Ser consciencioso de seu trabalho é importante, mas não a ponto de deixar que ele tome conta de sua vida.

Autorrespeito no local de trabalho

Saber como nos conduzir no local de trabalho é essencial se quisermos manter nossa integridade pessoal.

A carta de Megan:

Comecei a trabalhar nessa empresa há 6 meses. Uma garota chamada Ruth me colocou sob sua orientação e prote-

ção. Uma noite, Ruth confessou que havia cometido um erro no trabalho. Ela ficou tão chorosa que, por pura empatia, contei a ela sobre um erro de relacionamento que eu havia cometido em meu último emprego. Poucos dias depois, meu chefe me chamou e me avisou para ficar longe de Ruth, pois ela era conhecida como a fofoqueira do escritório, apelidada de Rádio Ruth. Agora estou morrendo de medo que meu novo chefe saiba o que fiz na outra empresa. Também fico achando que meus colegas estão me olhando de forma diferente. O que devo fazer? Não quero deixar o emprego, mas não consigo enfrentar meus colegas.

Atenciosamente, Megan

Sentindo-se enormemente constrangida, Megan deseja sumir ou ficar invisível. Esse é o impulso por trás de seu debate interno sobre sair da empresa. Em sua agonia, ela imagina que os colegas sabem de tudo a seu respeito, que ela está nua – tal é o nível de exposição a que se sente submetida.

É provavelmente um bom sinal que o chefe de Megan a tenha alertado sobre as tendências de Ruth à fofoca. Isso sugere que poucas pessoas se impressionam com o que ela diz e prefeririam proteger Megan. Mas Megan precisa explorar o que aconteceu nessa situação e se ela pode revelar algo de útil sobre si mesma. Por exemplo, apesar de se sentir confiante sobre conseguir o novo emprego, tão logo começou na empresa Megan passou a se comportar como uma vítima indefesa, que precisava ser resgatada. Por sua vez, isso foi conveniente para uma pessoa como Ruth, que precisava de pessoas a quem resgatar.

Ruth é o tipo de colega de trabalho que não tem amigos verdadeiros. Ela se valoriza e se sente parte do grupo "alimentando" os companheiros de fofocas. Esse se tornou o seu papel no departamento e, como ela passa informações "divertidas" ou úteis, os colegas gostam de vê-la cumpri-lo. Afinal, fofocas de escritório costumam trazer informações que não chegariam pelos métodos formais de comunicação no trabalho. Portanto, ambos os lados ganham alguma coisa.

Mas o interesse por Ruth e suas fofocas não dura muito. Ouvir uma fofoca faz o colega sentir-se mesquinho. Ao não fazer nenhuma tentativa de incluir Ruth no grupo, eles a levam a sentir-se rejeitada e, dessa forma, ela se esforça ainda mais, com mais fofocas, e o mesmo padrão se perpetua. Com tantos colegas cada vez mais indiferentes a ela, Ruth precisa descobrir em quem se agarrar, outras fontes de fofocas interessantes – novas vítimas como Megan.

Em seus relacionamentos com os colegas, a prioridade de Megan deve ser a de reforçar sua integridade profissional. Ela precisa trabalhar com afinco e sair-se muito bem para conquistar respeito. Megan precisa demonstrar profissionalismo em seus relacionamentos no trabalho para erradicar qualquer possível suspeita de que seja como Ruth.

Como parte desse distanciamento de Ruth, Megan precisa evitar qualquer contato com ela que não seja essencial, mesmo que esteja desesperada para saber se e quanto Ruth falou a seu respeito. Megan precisa concentrar-se naquilo que ela *pode* controlar: interagir com Ruth somente quando necessário, empenhar-se no trabalho e mostrar o quanto é profissional e conscienciosa. Por mais perturbador que esse incidente tenha sido para Megan, ele também foi um lembrete útil de que o local de trabalho vem antes da amizade.

Recuperando a integridade

Se você se identificou com a história de Megan e acha que fez algo que possa prejudicar a sua integridade no trabalho, concentre-se em ser profissional e em conquistar o respeito no local de trabalho tendo um ótimo desempenho. Distancie-se de colegas com energia negativa, ainda que pareçam ser tolerados por outros no escritório. E aceite que você não pode controlar o que os outros dizem a seu respeito. Tudo o que você pode controlar é trabalhar com consciência suficiente para que quaisquer impressões negativas se mostrem falsas.

DICA

Seja mais cuidadoso na amizade com os colegas de escritório do que com as pessoas de fora, pois qualquer dificuldade nesses relacionamentos pode provocar um impacto em seu trabalho.

Devassos do escritório

Infelizmente, os códigos normais de conduta às vezes se perdem durante algumas comemorações na empresa.

A carta de Alisa:

Trabalho em uma grande empresa. Todos os anos, antes da festa de Natal, os homens escolhem as três mulheres mais bonitas e apostam para ver quem vai conseguir ficar com elas durante a celebração. Eles acham, então, que têm licença para apalpá-las. Já tentei levar numa boa, pois não quero ser rotulada de desmancha-prazeres e nem que isso tenha influência na época da avaliação, mas, na verdade, sinto-me enojada (mesmo tendo me sentido lisonjeada ao ficar em segundo lugar no ano passado)! Devo falar o que penso, ou estou acabando com as minhas chances de ser promovida?

Atenciosamente, Alisa

O poder do grupo significa que é sempre difícil ir contra o fluxo. Mas, em inúmeras empresas, esse comportamento hoje é considerado assédio sexual e, neste caso, a postura de Alisa não teria nada a ver com ser desmancha-prazeres.

Se esse comportamento desagradável acontece apenas uma vez por ano, Alisa pode decidir que não vale a pena criar problemas, embora, como ela disse, seja uma pena que sua chance de divertir-se seja prejudicada. Qualquer decisão que ela venha a tomar, é essencial que ela enfoque o próprio comportamento. Ele pode incluir conversar com colegas, homens e mulheres, para saber como eles veem essa tradição. Pode, na noite da festa, dar um alto e bom "NÃO" ao mais inconveniente dos sujeitos e encaminhar-se para o outro lado do salão. E pode apenas ir embora da festa mais cedo, mesmo que esteja animada. A chave é que, mantendo a integridade pessoal, Alisa mantém o autorrespeito.

Mantendo o autorrespeito

Se você estiver enfrentando no trabalho, como Alisa, rituais que considera impossíveis de digerir, lembre-se de que negociar sua posição no escritório muitas vezes tem a ver com escolher que batalhas lutar. Eu tive um colega que discordava totalmente do fato de a festa anual do escritório não ser aberta aos cônjuges dos funcionários. Ao mesmo tempo, ele não acreditava que valia a pena criar caso por causa disso, pois havia questões mais importantes sobre o funcionamento da empresa que precisavam ser enfrentadas e pelas quais ele estava preparado para lutar com todo o empenho. Ele optou, então, por mudar o seu próprio comportamento. Quando a festa chegava, a cada ano, ele sempre tinha "infelizmente, outro compromisso".

DICA

Uma vez que o assédio sexual é algo inaceitável, dar o exemplo de uma nova forma de lidar com aqueles que fazem brincadeiras desagradáveis pode estimular outras pessoas a enfrentá-los também.

Confundindo os sinais

Como passamos muito tempo no trabalho, tendemos a presumir que qualquer relacionamento que floresce ali é amizade.

A carta de Carole:

Estou na mesma empresa há 3 anos e era muito próxima de minha assistente, Angela, tanto profissional quanto socialmente. Há 4 meses ela foi transferida para outro departamento da empresa, em um andar diferente, e nunca mais a vi. Agora ouvi dizer que ela vai se casar, e eu não fui convidada para a festa. Embora eu esteja tentando não dar tanta importância ao caso, fiquei magoada. É provável que eu acabe comprando um presente da lista de casamento, mas como pude me enganar tanto sobre esse relacionamento?

Atenciosamente, Carole

A grande amizade que Carole imaginava existir não parece real. Embora no local de trabalho se criem amizades enriquecedoras e frutíferas, muitas vezes esse ambiente aproxima pessoas que, de outra forma, talvez nunca se relacionassem. E o fato é que, em nossa vida, algumas amizades serão para sempre, enquanto outras não sobreviverão.

Carole pode ter interpretado a civilidade e a harmonia no trabalho como amizade genuína. Assim, pedi-lhe que analisasse os próprios sentimentos. Ela se sentia triste pelo fim de algo e desejava, desesperadamente, recuperá-lo. O plano de comprar um presente de casamento poderia ser um gesto afetuoso ou mesmo uma maneira inconsciente de tentar fazer com que Angela se sentisse culpada. Carole precisou examinar por que aquela amizade significava tanto para ela.

Seu pai era diplomata e, quando criança, ela mudara de escola muitas vezes. O fim da relação com Angela mexeu em uma dolorosa ferida, fazendo com que se recordasse da triste sensação de ter de se afastar das pessoas de quem gostava.

Carole percebeu que tinha uma tendência a culpar a si mesma quando as amizades não davam certo. Ao perguntar se ela havia confundido os sinais de amizade com Angela, ela afirmou ser a culpada de tudo. Desafiar tais ideias negativas não é fácil, mas pode ser feito de maneira consciente. Isso também ajuda a desenvolver um senso de perspectiva.

Todos se sentem desconfortáveis diante de términos e separações. Angela pode não ser a amiga íntima que Carole imaginou, mas ainda deve gostar de Carole e ficar feliz com a continuidade da relação. Em algum momento, seria apropriado que Carole fizesse contato, talvez para convidar Angela para um drinque comemorativo.

DICA

Algumas vezes é difícil distinguir entre intimidade no trabalho e amizade propriamente dita. Não se culpe se as amizades do escritório terminarem; entenda que há uma mudança natural de dinâmica no trabalho, local onde as pessoas seguem adiante e são substituídas por outras.

Confrontando a realidade

Se você se identificou com a história de Carole e se pergunta se não soube interpretar um relacionamento no trabalho, tenha compaixão por seu sentimento de que algo que você valorizava mudou ou chegou ao fim. Entenda que a intensidade do cenário também pode mascarar a realidade da situação; se ambos não estivessem sentados em mesas adjacentes ou trabalhando em determinado projeto, você não seria, necessariamente, amigo dessa pessoa com quem se encontra todos os dias. Dedique um tempo para procurar novos amigos, de forma a não depender apenas de um indivíduo.

Lidando com um novo colega

Chegar a uma empresa nos força a nos adaptarmos a um novo ambiente; mas a chegada de um novo colega ao nosso local de trabalho também demanda alguma negociação.

A carta de Sandrine:

Trabalho na mesma escola há 5 anos e agora sou chefe de departamento. Entretanto, temos um novo diretor que, desde o início, vem perturbando todo mundo. Ele tem uma grande visão sobre como podemos mudar nossa abordagem e está sempre chamando os professores para "pequenas conversas" nas quais ele sugere novos métodos de trabalho. O diretor-geral acha que ele é maravilhoso e diz que devemos ouvir suas novas ideias. Na sala dos professores, tentamos minimizar a situação, mas, no fundo, estamos chateados. Como devemos agir (sem que fiquemos parecidos com os adolescentes mal-humorados a quem ensinamos)?

Atenciosamente, Sandrine

A chegada de um novo membro em uma organização é semelhante à chegada de um novo bebê à família. Embora a criança seja motivo de grande alegria para muitos, ela também muda a dinâmica entre os pais e é um rival pela atenção que antes era destinada apenas aos irmãos. Em outras palavras, não é preciso muito para que os novos membros da equipe perturbem os demais. Assim, pedi a Sandrine que explorasse as emoções que esse recém-chegado despertava nela.

Sandrine ficou surpresa ao ver quantas emoções diferentes conseguiu nomear; inclusive ressentimento, hostilidade e até medo de perder o emprego. O que vimos foi como a incerteza e o desconhecido podem nos levar de volta a emoções primitivas, como se nossa própria sobrevivência estivesse em jogo.

Ao relutar em aderir às sugestões do diretor-geral de ouvir a "visão" do novato, Sandrine estava tentando permanecer em um lugar velho e familiar, onde tudo era feito à moda antiga. Exploramos o fato de que ouvir não significa "concordar" ou mesmo "implementar". Ouvir é apenas dar a alguém a chance de expor suas ideias. Sandrine entendeu que sua resistência a esse Outro, o novato, tinha a ver com o medo de ser rejeitada; o temor de que, de alguma maneira, se a nova visão fosse adotada, isso pudesse significar que o jeito antigo, o seu, era ruim ou ultrapassado.

Após ouvir as novas ideias, Sandrine colocou-se em uma melhor posição para expressar suas próprias sugestões ou alternativas. Isso fez com que ela se parecesse menos com os adolescentes que ali estudavam e mais com um membro da equipe – alguém engajado e comprometido com os interesses da escola e seu futuro.

Lidando com novatos

Se você se identificou com a história de Sandrine e há um novato em seu local de trabalho, faça uma lista das diferentes emoções que essa chegada despertou em você e não se surpreenda com a força desses sentimentos. A chegada desse novo membro da equipe pode ter abatido a sua confiança. Use a situação para ficar mais envolvido e ser mais proativo no local de trabalho, o que vai revigorar a sua autoconfiança.

DICA

Dê ao recém-chegado o benefício da dúvida e ouça o que ele tem a dizer. Você não precisa concordar com ele. Responda com suas próprias ideias e alternativas, mas veja essa chegada como uma oportunidade de energizar-se.

Estabelecendo limites

O local de trabalho, como qualquer agrupamento de pessoas, reúne uma mistura de personalidades. Mas, ao contrário de muitos outros grupos, a cooperação no ambiente de trabalho é crucial, já que uma boa relação com os colegas está ligada ao bom andamento do serviço.

Portanto, gostemos ou não de nossos colegas, estabelecer limites é de vital importância. Fazer parte de um grupo não significa que devemos perder nossa individualidade. Por exemplo, mudar de assunto quando um colega começa a falar mal de outro ou quer fazer uma fofoca qualquer é uma forma educada de demonstrar que você não aceita esse tipo de comportamento.

Você também precisa estabelecer limites expressando-se claramente caso um colega receba todos os créditos por algo que você fez. Isso tem a ver com ser assertivo em relação ao seu direito de ser reconhecido por ter trabalhado em um projeto, um acordo ou uma tarefa. Nesse momento, ser visto como alguém que trabalhou naquele projeto faz parte de sua identidade no local de trabalho e, se outros optarem por roubar esse aspecto, você deve reivindicá-lo. Também vale a pena pensar em recusar-se a trabalhar com essa pessoa novamente, a não ser que seu mérito possa ser garantido com antecedência.

Estabelecer um limite também implica ter coragem de dizer "não" quando você já estiver muito ocupado. Muitas vezes tememos que dizer não sugira falta de comprometimento. Algumas pessoas só pensam em agradar e não querem atrair a negatividade alheia dizendo algo que os outros não desejam ouvir. Ao dizer não quando estamos sobrecarregados, demonstramos aos nossos chefes que temos autorrespeito e que queremos que o nível de nosso trabalho permaneça alto, em vez de assumir um excesso de tarefas e desapontar as pessoas.

Finalmente, estabelecer limites também é importante quando lidamos com colegas que delegam demais e tentam jogar suas tarefas para cima dos outros. E é importante reagir de maneira gentil, porém firme.

Em tempos de insegurança econômica e de encolhimento do mercado de trabalho, a velha opção de pedir demissão se você não achar o ambiente de trabalho agradável já não é mais viável, o que faz com que relacionar-se bem com os colegas seja ainda mais importante. Relacionamentos de trabalho e políticas de carreira podem ser complexos, mas prestar atenção ao nosso próprio comportamento e manter nossa própria integridade só podem fortalecer a nossa identidade. Isso afeta de maneira positiva como você enxerga a si mesmo no trabalho, algo que, por sua vez, aumenta a sua autoestima. De certa maneira, até mesmo colegas de trabalho desagradáveis podem formar a pessoa que nós somos.

CAPÍTULO 9

Mídias sociais

A grande pergunta do século XXI é: as mídias sociais são apenas uma festa global inofensiva, ou estão promovendo, rapidamente, a prostituição emocional?

Os prós

Quando os e-mails, as mensagens de texto, o Facebook e o Twitter explodiram pela primeira vez em nosso consciente, eles foram anunciados como ferramentas que poderiam levar a relacionamentos plenos. E, de certa maneira, eles tiveram influências positivas na maneira como conduzimos e mantemos os relacionamentos. Fazemos contato regular com pessoas de todo o mundo, com vidas radicalmente diferentes das nossas, e, se e quando nos encontrarmos frente e frente, estaremos tão atualizados sobre a vida um do outro que poderemos mergulhar de imediato em uma conexão mais profunda.

Podemos encontrar nossas almas gêmeas; seguir eventos esportivos ao vivo no Twitter; ou escrever uma crítica que será lida no rádio ou postada na internet para uma gigantesca audiência. Se gostamos de um livro, podemos entrar em contato com o autor que se encontra do outro lado do mundo. A geografia e a distância já não são impedimentos para a comunicação. Quem desejaria voltar ao tempo em que cartas levavam semanas para chegar e que mal conhecíamos as pessoas da cidade mais próxima, quanto mais de outro continente?

Os contras

Mesmo assim, as mídias sociais, em toda a sua grandiosa complexidade e sofisticação, também aumentaram as complicações nos relacionamentos. Nossas habilidades de nos relacionarmos estão diminuindo ou ficando atrofiadas. Podemos nos esconder atrás de um perfil de uma rede social para evitar relacionamentos autênticos, face a face, em nossas vidas. Podemos habitar mundos virtuais que nos deixarão frustrados com nossa falta de controle ou de excitação no mundo real. E nossa capacidade de ler pistas não verbais, como a linguagem corporal ou as expressões faciais, pode ser diminuída, comprometendo gravemente nossa habilidade de negociar encontros na vida real quando eles aparecem.

Relacionamentos virtuais

Estamos ficando tão sintonizados com a "não realidade" que podemos não reconhecer um relacionamento pouco satisfatório ou inadequado quando ele invade o nosso espaço.

A carta de Janine:

Tenho 34 anos. No ano passado, conheci Daniel em um bar e, embora moremos a três quilômetros de distância um do outro, nos vimos esporadicamente durante seis meses. Mandávamos mensagens de texto um para o outro todos os dias e guardei todas as que ele me enviou em um arquivo separado, em meu telefone. Quando Daniel me mandou uma mensagem dizendo que estava tudo acabado, achei muito difícil aceitar. Ele leva um tempo enorme para responder minhas mensagens e tem estado bem distante. Na minha cabeça, sei que o relacionamento acabou, mas não consigo esquecê-lo. O que fazer?

Atenciosamente, Janine

O relacionamento de Janine baseava-se em mensagens de texto e sexo, mas era, ao mesmo tempo, completo e pleno para ela. As mensagens oferecem, tanto ao remetente quanto ao destinatário, uma ilusão de intimidade. A relação de Janine parecia real porque havia um contato de texto diário, do jeito moderno. Mas, com o tempo, ela e eu analisamos a pouca substância que a relação possuía de fato. Havia poucas experiências compartilhadas, pouca profundidade, pouco crescimento. Havia muito sexo fantástico e, claro, todas aquelas mensagens. Inclusive a que anunciou o rompimento.

O problema é que textos assim são assustadoramente fáceis de serem lidos. Essas mensagens são coniventes com nossa criança interior, que tem pouco controle de seus impulsos. Algumas vezes, nem digitamos palavras, simplesmente mandamos a imagem de uma emoção.

Portanto, propus a Janine que examinasse a relação como um prelúdio para seguir em frente, de maneira saudável, após o rompimento; fiz com que se desse conta de que estava usando os textos guardados no arquivo do telefone como uma forma de não prosseguir. Isso foi difícil porque, para Janine, o "arquivo" de mensagens parecia "real", podia consolá-la – talvez até mais do que o próprio Daniel. Ela levou seis meses para conseguir apagar o arquivo totalmente.

Enfrentando a realidade e se libertando

Se você se identificou com a história de Janine e quer "parar de vez" de ler as mensagens de alguém que amou, mas não está conseguindo, tire-o do seu grupo de amigos e pare de usar o Facebook por algum tempo. Entenda que, embora o "contato" pareça real, ele está contribuindo para a fantasia de que o seu ex ainda está em sua vida, o que torna mais difícil "libertar-se".

DICA

Dedique-se a outras atividades para se desapegar do celular, do Facebook e do Twitter.

O narcisista interior

Outra desvantagem das mídias sociais é que elas ativam a nossa enorme necessidade de afirmação positiva. Na era do YouTube, queremos ser vistos e adorados. A sedutora descarga de adrenalina que sentimos quando as pessoas aceitam nosso pedido de amizade do Facebook ou nos seguem no Twitter é semelhante ao orgulho de receber um elogio "ao vivo" – uma massagem no ego.

E nem é necessário conversar com esses "amigos", muito menos nos encontrar com eles. A intimidade emocional que alguém esperaria usufruir com a família ou bons amigos nos é negada, até mesmo corrompida. E, quando levada longe demais, ela pode alimentar nosso narcisismo interior, que demanda atenção constante. Tornamo-nos famintos de elogios, venham de onde vierem.

Isso infla temporariamente a ideia que fazemos dos nossos talentos e conquistas, gerando expectativas irrealistas sobre como funcionar no mundo ou onde encontrar aprovação e intimidade verdadeiras. Tudo isso leva à decepção quando não conseguimos uma crítica positiva.

A carta de Diana:

Tenho 28 anos e terminei um longo relacionamento cerca de nove meses atrás. Uma amiga sugeriu que eu entrasse em um site de relacionamentos, e, apesar de meu ceticismo, resolvi tentar. No início, era muito divertido. Adorava o fato de poder ser tolinha e coquete on-line com vários homens; e meu ego ficava massageado cada vez que um sujeito clicava na minha foto do perfil e começava a conversar. Mas, toda vez que eu encontrava o tal cara, ele só queria sexo. Será que estou confundindo os sinais?

Atenciosamente, Diana

A possibilidade de "curtir" o perfil e enviar e-mails antes do encontro nos permite pular várias etapas sem sequer perceber. Não é nenhuma surpresa o fato de continuarmos a ouvir histórias de homens que confessaram que, depois de todos aqueles bate-papos e perda de tempo, o que eles queriam desde o começo era sexo. As mulheres adoram ser cortejadas e sentir que estão sendo desejadas, ao passo que os homens podem ficar zangados diante do que consideram um jogo. É claro que essas expectativas dissonantes também acontecem quando conhecemos alguém na rua, por exemplo; o problema é que a internet atropela o processo.

Aconselhei Diana a tomar cuidado com os sinais que pudesse estar passando, de ser uma mulher muito aberta e disponível. Ela precisava respeitar a si mesma e proteger-se on-line tanto quanto o fazia no mundo real.

Limites pessoais

Se você se identificou com a experiência de Diana e está em dificuldades devido às suas interações on-line, tome cuidado para não dar excessivas informações pessoais. O processo é mesmo excitante, mas faça intervalos entre suas comunicações via internet para diminuir suas chances de perder o controle.

DICA

Sempre que for se encontrar com pessoas que não conhece, informe a alguém de sua confiança aonde está indo. Para maior segurança, mantenha o celular ligado.

Isolamento pela internet

Ter muitos amigos no Facebook, seguidores no Twitter, fãs no MySpace ou nas páginas do Flickr, ou muitos acessos no YouTube nos faz sentir valorizados e amados. O problema é que essa valorização aparente vem de algo externo, não de uma fonte interna e segura e, portanto, ela é efêmera e pouco saudável. Para as pessoas com egos frágeis, tal competitividade é desastrosa. Quando os seguidores, os cliques em "curtir" ou os retuítes diminuem ou se dirigem a pessoas e assuntos mais interessantes, ficamos arrasados.

A carta de Martin:

Tenho medo de estar deprimido. Trabalho em casa, no meu computador, faço meus pedidos de comida on-line e raramente saio. Jogo na internet até cerca de três da manhã e verifico minhas atualizações de status a todo instante. Quando minha mãe morreu, no início desse ano, fiquei triste durante o funeral pensando que não terei ninguém para ir ao meu. Como faço para mudar?

Atenciosamente, Martin

Martin se fechou. Seu contato com o mundo é apenas virtual. Exceto pelo entregador do supermercado, ele tem pouca ou nenhuma interação humana. Em nosso único encontro, ele evitou contato visual e sentou-se encurvado na cadeira, os braços cruzados, mexendo as pernas. Até a morte da mãe, ele estava satisfeito com essa existência virtual. Era seu padrão. O funeral da mãe o forçou a voltar ao mundo real, lembrando-o de pequenas coisas como companheirismo, apoio, música ao vivo e o cheiro das flores.

O que me estimulou a escrever este livro foi a ideia de que todos nós lutamos com certos relacionamentos. Mas, para algumas pessoas, essa batalha é tão dolorosa, tão duradoura, que a internet parece fornecer uma forma mágica de automedicação. Nós nos escondemos do mundo e, ao fazê-lo, agravamos o problema.

Martin é como um dependente, um viciado em seu computador. O "Outro" em sua vida é o mundo on-line. Mas a situação de Martin é ainda mais traiçoeira porque seu computador é também a fonte de sua modesta renda; portanto, é impossível eliminá-lo de sua vida.

Sugeri a Martin que tentasse uma exposição gradual ao mundo exterior; que saísse para comprar comida, por exemplo. Mas a perspectiva de encontrar-se pessoalmente com pessoas que ele "conheceu" pela internet lhe pareceu muito assustadora. A autoestima de Martin era muito baixa devido ao seu estado depressivo e à sua pouca autovalorização, pois ele estava acima do peso. A única sugestão que acatou foi a de uma caminhada diária em qualquer lugar que escolhesse. Ele não precisaria estar com ninguém, mas obteria ar fresco e exercício. As endorfinas do "bem-estar" que são liberadas durante o exercício podem ser muito boas para lidar com a depressão.

Acima de tudo, Martin tinha muito medo do mundo e das pessoas que nele habitam. Tendo sido vítima de bullying na escola, a internet lhe oferecia o refúgio perfeito. Não ouvi falar dele por mais de 2 anos. Até que, um dia, recebi um e-mail (já esperado, de certa forma) no qual ele afirmava estar se sentindo muito melhor; que havia perdido quase 20 quilos só de "sair para caminhar e comprar maçãs no mercado", além de estar se dedicando a um trabalho voluntário na biblioteca.

Ingressando no mundo real

Se você vive como Martin, ou se reduziu o seu círculo de amigos da vida real, comece decidindo-se a sair de casa todos os dias para tomar ar fresco e se expor a vários estímulos. Anote os sentimentos que experimenta quando pensa em conhecer pessoas na vida real, para entender por que você se retirou do mundo. Trabalhe a sua autoestima, o que vai ajudá-lo a se sentir mais confiante, e crie um programa de exercícios para aproveitar os benefícios que eles trazem ao seu bem-estar.

DICA

Aumente a sua exposição social gradativamente, mantendo, por exemplo, uma conversa por semana com um vizinho.

Mentiras

Conhecer gente nova pode provocar nervosismo, mas, nos sites da internet, perdemos as nossas inibições. Somos impulsivos e dizemos qualquer coisa que nos faça parecer interessantes.

Acima de tudo, sentimos que precisamos provar a todos, e em especial a nós mesmos, que somos especiais. Temos pavor de ficar sozinhos, ou de ser vistos como alguém que leva uma vida comum.

Isso pode levar a uma profunda insatisfação pessoal. É um modo altamente narcisista de operar no mundo e que provoca o caos quando, na verdade, estamos tentando tecer um relacionamento significativo com uma pessoa real.

A carta de Greg:

Eu me coloquei em uma situação embaraçosa ao mentir no Facebook e nas salas de bate-papo da internet. Ao longo de vários meses deixei transparecer que tinha uma namorada – que não tenho – e que fazíamos coisas maravilhosas juntos, como ir a Amsterdã – onde nunca estive. Agora tornei-me amigo de algumas pessoas no site e planejamos nos encontrar. Há inclusive uma garota de quem gosto e que também estará lá. O que fazer, principalmente se me perguntarem sobre "Emma", minha "namorada"? Mesmo que eu diga que terminamos, estou apavorado que eles acabem descobrindo a verdade.

Atenciosamente, Greg

A criação da fictícia Emma deu a Greg confiança durante um momento em que estava tentando fazer novos amigos. Isso me faz lembrar daquelas mulheres que inventam "maridos" ou que usam aliança quando viajam sozinhas, para afastar qualquer atenção indesejada. Ele não fez nada de tão ruim, você poderia pensar, mas mentir dessa maneira pode se tornar um hábito.

Não sei se Greg teria mentido em conversas cara a cara, mas *o anonimato e o distanciamento que a internet nos permite tor-*

nam tudo muito mais fácil. É realmente simples hoje em dia manipular nossas vidas para que elas se tornem versões melhoradas de nós mesmos, imagens que, no mundo real, são quase impossíveis de manter.

Uma identidade on-line é apenas uma construção parcial; e, como Greg agora percebe (e isso se aplica a todos os nossos relacionamentos), uma mentira aparentemente insignificante pode sair de nosso controle. Todos os relacionamentos requerem honestidade e confiança.

Ao comparar nossas vidas com aquelas que vemos na internet (que nem sempre são reais), nos sentimos banais e inadequados, e muitas vezes nos vemos inclinados a inventar nossa identidade. O dilema de Greg ressalta como as mídias sociais podem ser artificiais. Felizmente, ele agora tem a chance de jogar-se em um relacionamento com pessoas de verdade e deixar as mentiras para trás.

Sendo autêntico

Se você está em uma situação semelhante à de Greg e inventou uma vida on-line, examine seus motivos para tais distorções. É possível que você goste tanto de formar ligações afetuosas que perdeu de vista as implicações da mentira no mundo real. Você retratou uma versão melhor de si mesmo, ou representou-se de forma totalmente diferente do que é?

Seja como for, a chave é pegar-se no momento em que estiver mentindo e fazer a opção de comunicar-se de outra maneira. Seja seu próprio conselheiro interior e avise a si mesmo para não ser tão insensato quando estiver prestes a digitar algo enganador ou mentiroso. Dessa maneira, você estará respeitando o seu verdadeiro eu.

DICA

Tenha sempre em mente que, para ter algum valor ou significado, todos os relacionamentos demandam sinceridade e confiança.

Estabelecendo limites

O relativo anonimato e o distanciamento da comunicação on-line fazem com que os limites que aprendemos quando crianças percam a força. Quando somos pequenos, os adultos nos advertem de que não devemos mentir, não podemos falar palavrão ou ter um ataque de birra em local público. Esse tipo de estabelecimento de limites é parte essencial de uma boa educação e tem a ver com treinar a criança para desenvolver o autocontrole e a disciplina. Com o passar do tempo, estabelecemos esse controle por nós mesmos. As mídias sociais, com toda a sua liberdade e democracia, vêm desafiando ou demolindo nossa capacidade de autocontrole.

A carta de Vera:

Meu marido está recebendo mensagens de uma mulher que nós dois conhecemos através de amigos em um feriado dedicado ao golfe. Ela é viúva e, na ocasião, foi assaltada no aeroporto, o que a levou a depender dos outros (inclusive de mim e de meu marido). Mas, agora que voltamos para casa, ela começou a mandar e-mails e mensagens de texto ousados, até mesmo convidando-o para ser sua parceira no golfe. Não sabemos o que fazer. Não queremos ser rudes e nem podemos cortá-la de nossas vidas, já que temos muitos amigos em comum. Entretanto, estamos nos sentindo desconfortáveis com o comportamento dela.

Atenciosamente, Vera

Como acontece a todos os relacionamentos, estabelecer limites é importante, mesmo que seja apenas em nossa mente. Neste caso, Vera e seu marido devem ignorar completamente os torpedos e e-mails da mulher, pois tudo o que disserem pode ser mal interpretado – ou mesmo ser interpretado segundo as próprias intenções dela. Às vezes, as pessoas se convencem de que existe uma relação onde na verdade não há, tornando-se cegas e surdas às evidências em contrário.

No caso de Vera, há um grande risco de deixar constrangida uma mulher possivelmente solitária que pode não ter nenhuma intenção de flertar, ou que se sente mais desinibida devido ao distanciamento das mensagens. Como nas negociações de conflitos nos relacionamentos com o Outro, esse método serve para Vera e o marido estabelecerem seus próprios limites, em vez de tentar fazer a mulher mudar seu comportamento inadequado. Na maioria dos casos, a ausência de resposta fará com que a comunicação termine; portanto, o plano é não responder.

Vera e o marido até planejaram uma mensagem conjunta dizendo que gostariam que a comunicação terminasse, mas, felizmente, tudo se resolveu sem que fosse necessário enviá-la.

Estabelecendo limites

Se você está em uma situação semelhante à de Vera, precisa estabelecer os seus limites em vez de tentar convencer a outra pessoa a mudar. Até mesmo uma resposta bem escrita de sua parte, tentando passar claramente a mensagem de que está dando um basta, corre o risco de ser mal interpretada. A pessoa pode se convencer de que *qualquer* resposta é uma prova de sua vontade de interagir. Essa é uma variação do ciberbullying, ou assédio pela internet, sobre o qual vou falar mais tarde, e que pode ser perturbador e estressante; portanto, leve a sério e seja firme em seus limites.

DICA

Mantenha-se firme em qualquer limite que tenha estabelecido, como, por exemplo, não responder de forma alguma.

Pornografia via internet

Algumas vezes, nossa imersão no mundo on-line corre o risco de desestabilizar nossos relacionamentos reais. A cada vez maior acessibilidade à pornografia explícita, por exemplo, levou a um aumento da compulsão por navegar na internet, arriscando os relacionamentos e até a vida profissional. Se antes os meninos se divertiam com uma revista *Playboy* como parte de sua educação sexual, agora, até os pré-adolescentes têm acesso a imagens perturbadoras, violentas e desrespeitosas, em um momento no qual eles são sexualmente ignorantes e impressionáveis.

A carta de Kendra:

Tenho 19 anos e meu namorado, Leo, 24. Ele não foi o meu primeiro parceiro sexual, mas é o primeiro a querer que eu faça determinadas coisas com as quais não me sinto à vontade. Acho que estou começando a ter algum distúrbio alimentar, pois Leo não está satisfeito com o meu corpo e está sempre me enviando vídeos dizendo que deveríamos tentar algumas coisas. Será que sou anormal por não querer fazer o que ele quer que eu faça?

Atenciosamente, Kendra

Hoje em dia, adolescentes de ambos os sexos podem acessar cenas de violência sexual em seus celulares; dessa forma, esse material distorcido se torna o seu padrão para futuras relações sexuais. As garotas imaginam que precisam ser submissas e ter corpos perfeitos. Os garotos imaginam que têm permissão para ser sexualmente violentos. Meninos e meninas são levados a acreditar que o sexo e a intimidade afetuosos são maçantes e monótonos. Eles estão destinados a ficar sexualmente desiludidos e insatisfeitos.

O dilema de Kendra não é novo. Durante séculos, as mulheres se sentiram pressionadas a ser mais aventureiras sexualmente do que gostariam ou do que achariam confortável. Pesquisas têm revelado que até a exposição limitada à pornografia muda a atitude de homens e mulheres em relação ao sexo e a seus parceiros. Os homens desenvolvem seu padrão sexual através de imagens, e, portanto, a pornografia distorce a sua visão do que seria adequado. As mulheres às vezes enxergam uma estrela da pornografia como um ideal, semelhante a uma estrela de cinema; em qualquer um dos casos, a menina está se transformando em um objeto a ser admirado.

Kendra tem um limite em sua mente, uma fronteira que ela não se sente confortável em ultrapassar, mas está sob grande pressão externa – não apenas de Leo, mas de uma mídia que normaliza comportamentos sexuais doentios e transforma imagens perturbadoras em algo comum e acessível.

Nós identificamos os comportamentos sexuais que seriam aceitáveis para Kendra. Ela também fez uma lista dos atributos que desejaria ver em um parceiro sexual. No topo da lista estava um namorado que a respeitasse. Procuramos maneiras pelas quais Kendra fortalecesse sua autoestima e seu autorrespeito, uma vez que é difícil alguém nos respeitar quando não *respeitamos a nós mesmos.*

Além disso, exploramos os problemas alimentares. Kendra passou a manter um diário mensal de seu humor, o que a ajudou a monitorar suas emoções ligadas à compulsão alimentar. Quando ela se sentia estressada ou inadequada (em geral, depois de uma conversa com Leo sobre sexo), ela se via compelida a comer incontrolavelmente.

Kendra temia que Leo a abandonasse por considerá-la monótona, além de ter medo que ele a considerasse frígida. Uma vez que estabelecemos que Leo nunca a chamara de frígida, trabalhamos nessa projeção, que vinha dela mesma, de que, ao recusar certos pedidos sexuais, ela sofreria desse mal. Com o tempo, exploramos a ideia de que, sendo firme naquilo em que acreditava, ela jamais seria manipulada, e isso só lhe traria respeito interno e externo. Kendra chorou ao imaginar sua irmãzinha Preena, de 9 anos, passando pela mesma situação no futuro.

Tentar ver a si mesma como um modelo para Preena deu a Kendra uma força adicional para rejeitar os pedidos de Leo e sentir-se mais relaxada em relação ao medo de que ele a abandonasse. À medida que conversamos, Kendra conduziu-se de forma mais assertiva na vida, tornando-se também mais confiante em seu relacionamento com Leo. No início, ele ficou inseguro sobre como lidar com essa "nova" Kendra e eles se separaram. Após algum tempo analisando as próprias atitudes em relação ao sexo e às mulheres, Leo voltou a procurá-la para tentar retomar a relação. Kendra lhe disse que preferia que fossem amigos. Ela se sentia preparada para esperar por um homem que a respeitasse mais do que Leo saberia fazê-lo.

Respeitando os limites sexuais

Se você se identificou com a história de Kendra e está sob pressão para ter um desempenho sexual que lhe parece desconfortável, entenda que o seu corpo lhe pertence e cabe a você decidir os prazeres que deseja ter com ele. Identifique seus limites sexuais e alimente o seu autorrespeito de maneira a sentir-se forte o suficiente para defender suas crenças.

Além disso, identifique se você desenvolveu outros comportamentos relacionados à pressão para adotar determinadas atitudes sexuais, como consolar-se comendo, bebendo ou mentindo em excesso. Conversar com um bom amigo pode ajudá-lo a sentir-se amparado.

DICA

Tenha sempre em mente que, se uma pessoa quer terminar um relacionamento porque você disse "não" a certas coisas, ela não é digna de você e do seu corpo.

Viciados em internet

Algo tão inofensivo quanto um celular pode causar sérios problemas nos relacionamentos. Procurar por ele antes mesmo de dizer bom-dia àqueles a quem amamos significa que a balança pendeu para o lado oposto ao da verdadeira intimidade. Alguns parceiros ficam enfurecidos ao ver seus seres amados verificando suas mensagens durante os eventos de que participam ou mesmo durante conversas. Esse comportamento é, no mínimo, rude. Quando ele ocorre todos os dias da semana, todos os meses, é sinal de algum problema, algo que alguns já consideram um "vício" em internet e celular.

A carta de Matt:

Há três componentes em meu casamento – a terceira "pessoa" é o BlackBerry da minha mulher. Ambos temos ótimos empregos, mas que exigem muito de nós; no início, esse era um aspecto excitante de nosso relacionamento. No momento, não temos tempo para assumir uma vida mais estável e ter filhos, e, do jeito que as coisas estão caminhando, não teremos tempo nem para fazer sexo. Recentemente, ao viajarmos por uma semana, ela passou horas ao telefone e checando e-mails, o que impossibilitou que relaxássemos. Minha irmã sugeriu que procurássemos a ajuda de um conselheiro, mas minha mulher se recusou, dizendo que não tinha tempo para isso! Seu caso com o telefone implica menos tempo para nós. O que devo fazer?

Atenciosamente, Matt

A situação de Matt é cada vez mais comum. É possível que somente ele esteja consciente de que existe um problema no relacionamento. Ou talvez sua mulher também perceba, mas sua maneira de lidar com isso é refugiar-se no trabalho e no telefone para evitar verdades que ferem. Mas, enquanto eles não pararem para conversar sobre o assunto, nenhum progresso acontecerá.

Pedi a Matt que analisasse o que o atraíra em sua mulher no início, para explorar o que ele queria do casamento. Ele gostara do fato de ambos serem ocupados e bem-sucedidos, de formarem um casal poderoso. Infelizmente, aquilo que o atraíra tornou-se a própria causa de sua ansiedade.

Como Matt também está na área de negócios, perguntei a ele como administrava o seu "tempo ao telefone". Ele estabelecera uma regra de ignorar o telefone entre as 8 horas da noite e as 8 da manhã. Juntos, rascunhamos uma proposta sobre o que ele gostaria de alcançar em suas discussões com a mulher e, pensando a longo prazo, para onde ele via o casamento se encaminhando. Apesar de estar casado, ele precisava ser assertivo sobre suas necessidades e desejos como parte desse casal.

O protocolo blackberry

Se você está em uma situação semelhante à de Matt e seu companheiro não parece capaz de funcionar sem o celular ou computador, sente-se junto com ele e explique como é para você competir com um telefone como se fosse um rival. Discuta o desenvolvimento de um protocolo com seu parceiro de maneira que o telefone fique inacessível, digamos, entre as 8 horas da noite e as 8 da manhã.

Se você acredita estar dependente de seu telefone, ou se seu parceiro levantou essa questão com você, pergunte a si mesmo o que acha que aconteceria se você não respondesse às mensagens tão de imediato. Por quem você tem medo de ser rejeitado (cliente, chefe, amigo)? Ou será que anseia, secretamente, por ser indispensável? Se você fica ansioso quando está longe do telefone, talvez deva pensar em explorar essas emoções, em vez de usá-lo como uma muleta.

DICA

Considere a hipótese de um aconselhamento profissional caso a obsessão pelo telefone esteja mascarando outras questões em seu relacionamento.

Trollando na internet

Um aspecto profundamente perturbador das redes sociais é o aumento do fenômeno denominado trolling, que é a postagem de mensagens ofensivas, difamatórias ou vexatórias nos sites. Isso significa que podemos ser afetados de modo desfavorável por pessoas que jamais conhecemos e que não estão em um relacionamento real conosco.

A carta de Sophie:

Tenho 20 anos e sou vítima de ciberbullying desde os 17. Tentei ignorar os tuítes e fechei minha conta no Facebook. Mas isso só fez aumentar minha tristeza, já que agora é mais difícil manter contato com alguns de meus amigos. Isso está me deixando tão chateada que já emagreci horrores. O que devo fazer?

Atenciosamente, Sophie

Após alguns casos legais que se tornaram famosos, foi introduzida uma legislação para facilitar que as vítimas do trolling descobrissem a identidade daqueles que as atormentavam. Em um mundo ideal, todos nós temos um poder de recuperação, que chamamos de força do Ego, para ignorar, escarnecer, descartar ou apagar tal contato.

Mas, como Sophie descobriu, essas palavras escritas, especialmente a sua constância, podem nos ferir e nos enfraquecer. Um de meus pacientes, que é uma pessoa pública, contou-me que jamais acredita no que os trolleiros lhe escrevem, mas eles o deixam de mau humor pelo resto do dia. A angústia mental de mensagens violentas, obscenas, ofensivas, homofóbicas, racistas, sexistas, pornográficas, ameaçadoras e maliciosas é bastante real.

A infinita tristeza e a perda de peso de Sophie nos mostram por que o trolling deve ser levado a sério. Algumas pessoas argumentam que se trata apenas de liberdade de expressão, mas acredito que o que é conhecido como ciberbullying cria uma perigosa zona cinzenta na qual a liberdade de expressão torna-se abusiva e ofensiva. E é claro que esses são termos bastante subjetivos. Uma leve ofensa para um pode ser um abuso para outra. Entretanto, os trolleiros são capazes de se esconder sob a capa da "liberdade de expressão" para continuar intimidando os outros.

Procurei reforçar com Sophie a ideia que faz de si mesma (o que é sempre frágil na adolescência, quando estamos explorando a nossa própria identidade). Além disso, criamos uma nova página no Facebook somente para amigos próximos e cuidadosamente escolhidos. Isso fez Sophie sentir-se mais poderosa e capaz de ver que os trolleiros não saíram vencedores afastando-a dos amigos. Ela explicou a esses amigos sobre as mensagens difamatórias que recebera e pediu que, caso elas recomeçassem, ninguém respondesse. A melhor forma de afastar os trolleiros é não lhes dar atenção.

Enfrentando os trolleiros

Se a experiência de Sophie reflete a sua e você é alvo das mensagens que denominamos trolling, ignore-as. Você não precisa lê-las, mas quem as envia precisa provocar alguma reação em você para se sentir real ou valorizado; portanto, não facilite as coisas. Em vez disso, trabalhe a sua autoestima concentrando-se nas pessoas e atividades que lhe dão prazer. Com uma força do Ego mais desenvolvida, você tem mais chances de desvalorizar e desprezar essa intimidação.

DICA

Não responda aos trolleiros. Se você sentir que está prestes a responder, levante-se e vá fazer outra coisa (ouvir música, telefonar para um amigo), até a vontade passar.

Protocolo saudável das mídias sociais

Assim como acontece com qualquer dependência, é difícil admitir que nosso relacionamento com as mídias possa ser disfuncional. Sabemos que as pessoas podem ser dependentes do álcool, de drogas, de compras, de jogo ou de sexo. Entendemos que, algumas vezes, essa é uma forma de administrar nossas emoções ou reprimir pensamentos e lembranças dolorosas. O comportamento dependente pode ser uma forma de nos fazer sentir bem e no controle em relação a nós mesmos e aos outros. Entretanto, nossa ligação com nossos smartphones, laptops, Facebook ou Twitter pode ser igualmente compulsiva e difícil de interromper.

Levadas a extremos, as mídias sociais podem nos dar a ilusão de uma conexão que na verdade não existe. Sites que glorificam o suicídio ou a anorexia dão a impressão de ser uma comunidade que oferece apoio, mas são o oposto. Seus membros, diferentemente dos amigos de verdade, não nos reconheceriam se passássemos ao seu lado na rua e não desejam, em seus corações, o melhor para nós.

A chave para usar – e não ser usado pelo Outro – as redes sociais é o equilíbrio. Precisamos utilizá-las com moderação, como um reforço de nossos relacionamentos, jamais como um substituto. Minha preocupação é que nossa compulsão pelas mídias sociais seja uma forma de compensar um vazio interior – e falo como alguém que usa o Twitter quase todos os dias. Já me comuniquei com algumas pessoas maravilhosas através do Twitter e, na maioria das vezes, eu as conheci *pessoalmente* (se é que você acredita em algo tão pitoresco e fora de moda). Através do Twitter e do Facebook, participei de eventos e encontrei informações. Segui acontecimentos importantes e dei boas risadas com vídeos que se tornaram virais. E, quando se trabalha sozinho na maior parte do tempo, como é o meu caso, esse tipo de comunicação é um recurso valioso para manter-se são e conectado.

Mas eu também tento não tuitar ou usar o Facebook nos fins de semana e acho graça quando me pego inquieta por não fazê-lo – um claro sinal de que estou sofrendo de algum tipo de síndrome de abstinência! Sei que, não estando conectada, estarei fazendo outra coisa. Talvez algo maçante, como passar roupa (por favor, não tuíte sobre o quanto você adora fazer isto; não há nenhum prazer em passar roupa, a não ser que seja algo simples, como uma fronha). Ou algo generoso, como alimentar o cachorro; ou saudável, como sair para caminhar.

Todas as gerações podem ganhar muito com as mídias sociais. Mas seria bom nos lembrarmos de que "conectar-se" nunca é o mesmo que "comunicar-se". Sim, o contato on-line pode gerar conexões fora da internet. Mas precisamos estar atentos ao modo como estamos utilizando a rede, com que frequência e por que o fazemos, pois podemos investir tempo demais em nossos amigos e atividades "virtuais", à custa da maravilhosa e preciosa singularidade de nossos amigos reais.

Agradecimentos

Agradeço imensamente às muitas pessoas que enriqueceram a minha vida e cuja sabedoria, de uma forma ou de outra, penetrou estas páginas:

Virginia Whetter, por seus numerosos "Whetterismos";

Christine Campbell, Romey Chapman, John Costello e Beverly Archdale, pelas contribuições clínicas;

Meus brilhantes colegas e amigos do Priory Hospital Roechampton e da revista *Psychologies*, por tudo que me ensinaram;

Laurel Remington, por me oferecer o melhor apoio que um escritor poderia receber;

Thomas Johansen, por uma cuidadosa intervenção;

Zeeshan Tayyeb, por todas as tecnologias;

Margareth e Chris Schofield, por me abrirem seus braços;

Grace Dugdale, Den Patrick e Beccy Reese, por me manterem no caminho certo;

e Sally Willson e Karolina Siudzinska Barba, por me manterem sã.

Agradecimentos especiais à minha maravilhosa agente, Juliet Pickering, por sua infinita cordialidade, sabedoria e integridade; minha editora Monika Lee, por sua fabulosa energia positiva, e a ambas por seu intenso comprometimento com o livro; e a toda a equipe da editora McGraw-Hill, que me ajudou a conduzi-lo às prateleiras.

E, acima de tudo, a Guy, por manter a chama acesa.

INFORMAÇÕES SOBRE A SEXTANTE

Para saber mais sobre os títulos e autores
da EDITORA SEXTANTE,
visite o site www.sextante.com.br
e curta as nossas redes sociais.
Além de informações sobre os próximos lançamentos,
você terá acesso a conteúdos exclusivos
e poderá participar de promoções e sorteios.

www.sextante.com.br

facebook.com/esextante

twitter.com/sextante

instagram.com/sextante

skoob.com.br/sextante

Se quiser receber informações por e-mail,
basta se cadastrar diretamente no nosso site
ou enviar uma mensagem para
atendimento@esextante.com.br

Editora Sextante
Rua Voluntários da Pátria, 45 / 1.404 – Botafogo
Rio de Janeiro – RJ – 22270-000 – Brasil
Telefone: (21) 2538-4100 – Fax: (21) 2286-9244
E-mail: atendimento@esextante.com.br